Assessment
in Clinical
Psychology
2nd Edition
by Numa Hatsue

沼 初枝 著

臨床心理
アセスメント
の基礎［第2版］

ナカニシヤ出版

初版はしがき

　大学を卒業してすぐに，精神科医療の現場に心理士として飛び込んだ。当時の単科精神病院は，まだ鉄格子あり分厚い鉄扉ありの近寄りがたい世界だった。いくら心理学科を卒業したとはいえ，公務員の道が決まっていたのに，その世界に飛び込んだことに家族や友人は唖然とした。しかし恩師村上英治先生がその病院でロールシャッハ法や心理療法を実践されており，私にとって臨床現場への道は自然の流れと思われた。こころを病む人々へのかかわり，ロールシャッハ法を通してその世界を理解すること，これらは大学の臨床心理学の講義や実習のなかで学んだことの延長であり，臨床心理を目指す人間の普通の選択だった。

　以来，教育相談や総合病院など活動の場は変わっても，ずっと臨床の現場で臨床心理士として歩んできた。村上先生の「かかわり」と「まなざし」の姿勢を自分のバックボーンとして，「臨床の場にいる自分」に誇りをもってきた。心理療法だけでなく，ロールシャッハ法と私の相性もよかったのだろう。ロールシャッハ図版を前に，何かを伝えようとする人々の言葉を，私は耳を澄ましてこころを澄まして聞くようにした。大学時代，とにかく丁寧にロールシャッハ法を教えてもらったことが，私に染みわたっている。

　さらに，臨床心理の道一筋を歩み続けることができたのは，多くの恩師と多くの仲間に恵まれてきたからである。名古屋を離れ，国立精神衛生研究所（現国立精神・神経センター　精神保健研究所）の研究生として，田頭寿子先生のもとに通うようになったのは，運命としかいいようがない。田頭先生のロールシャッハ法や心理療法は，書物のなかで出合うことはむずかしい。先生の傍らにいて，自分の目と耳と体で，先生の臨床に触れるだけである。師を囲んで仲間がいて，師も仲間も私も育つ，研究所はそういう場所だった。

　ずっと病院臨床の現場で働き続けると思っていた。大学の教員になるとは考えもしなかった。誰が，何が，私の背中を押したのかはわからない。今，私は

教員として，臨床心理アセスメント，投映法や精神医学を，学生たちに教えている。私の今までの経験や知識が役に立つかもしれない。恩師が我々に伝えたことを，ほんの少しでも次に伝えられるかもしれない。期待や願いを込めて。

　しかし，学生に教えたり伝えるためには，臨床のなかで得た知識や経験を，もう一度組み立てなおさなければならないことに気がついた。一番伝えたいことを織り込んで，自分でまとめて，なおかつ臨床心理アセスメントの基礎を伝えたい。本書を書こうと思った動機ではあるが，これが結構大変だった。作文を書くのは嫌いではないが，教科書を書くのははじめてである。ノウハウがわからない，どうまとめたら，きちんと伝わるか。アセスメントの基礎に，ロールシャッハ・テストに関することばかりを書くわけにはいかない。時間だけが過ぎていった。時間をかければ必ずよい本ができあがるというものでもない。ひとえに私の能力のなさによるものである。しかしようやく，ある程度「基礎と基本」を伝える教科書には仕上がったと思っている。これで話術がうまければ，私の授業は魅力的になるだろうが，そこまでは望まない。恩師から貰った大事なものを，少しでも伝えられたら幸いである。

　最後に，慣れない教員生活を始めた私を，今まででもこれからも支えて応援してくださる立正大学心理学部臨床心理学科のよき先生方にこころから感謝を申し上げたい。猫の素敵な表情をイラストに仕上げてくれた，なかためぐみさん，ありがとう。堅苦しい本書が，学生たちに身近になることを期待したい。また本書の出版を引き受け，こうした作業がはじめての私に温かく対応し，細かな注文に快く応じられた，ナカニシヤ出版の宍倉由高編集長，山本あかねさん，米谷龍幸さん編集部の方々に，厚く御礼申し上げたい。

平成 21 年 10 月 11 日　金木犀の香りたつこの頃

沼　初枝

改訂にあたって

やはり 10 年は長い…初版以来 10 年以上が経とうとしています。望んだ以上に広く，臨床心理アセスメントのテキストとして活用していただいています。多くの学生さんが手に取ってくれていると思うと，面映ゆくありますが，素直にとても嬉しい気持ちです。

しかしこの 10 年間に，数々の知能検査が改訂され，医学分野では診断基準が DSM-5 や ICD-11 となり，何よりも心理の国家資格である公認心理師法が成立しました。従来の臨床心理士資格に加えて，今では数万人の公認心理師が活躍し，私もその一人として活動の場を広げてきました。そうした変化が起こる都度，この本も書き直さねば，という思いだけはありました。ゼミの指導生に，この本に何が足りないか何を載せてほしいかたずねたりしました。また刊行 5・6 年過ぎた頃に，ナカニシヤ出版の宍倉由高編集長から改訂版のお話をいただきました。しかし私の元来の「先延ばし」特性のためか，遅々として進みませんでした。言い訳にはなりますが，恩師や両親を見送る，喪の作業から抜け出せなかったのかもしれません。

教員生活をともに過ごし指導してくださる立正大学心理学部の先生がた，医療の臨床現場で信頼し協働できる皆さん，私を育て一緒に歩んでくれる元国立精神・保健研究所の仲間たち，そうした人々と「今ここにある」ことで，作業に手をつけることができました。またこの 10 年間，ずっと私を叱咤激励し続けてくださった沢宮容子先生，辛抱強く丁寧に対応してくださったナカニシヤ出版の山本あかねさん，皆さんのお陰で，ようやく改訂版を上梓することができました。こころから感謝申し上げます。

令和 2 年 8 月　遅い梅雨明けと COVID-19 との生活

沼　初枝

目　次

第 5 章　神経心理学的アセスメント———————97

（イラスト：なかためぐみ）

第1章

臨床心理アセスメントの基本

1　実践から発展した臨床心理学

［1］臨床心理学の歴史

　学問としての臨床心理学の歴史はほとんど 20 世紀になって始まったといっていいほど浅い。しかし悩みや問題を抱える特定の個人のこころの問題にかかわってきた，その歴史ははるかに古い。臨床心理学は，ヨーロッパと米国において，以下のような幾筋かの流れのなかで，極めて具体的で実践的な目的をもって発展してきた。

（1）個人差心理学から心理検査へ

　19 世紀中頃，科学としての心理学が打ち立てられ，そのなかからダーウィン（Darwin, C.）の従弟であるゴールトン（Galton, F.）をはじめとした個人差の研究が発展してくる。1890 年にキャッテル（Cattell, J. M.）は "Mental Tests and Measurements" という論文で，はじめて 'mental test' という言葉を提唱した。以来，テストの基準や，標準化された手続きなど統計的手法が多くの領域のテストに適用されるようになる。特に大きな出来事は，学校教育についていけない子どもたちの教育制度検討委員会の委員であるビネー（Binet, A.）が，「特殊教育を受けるほうがいい知的に問題のある子どもを識別すること」を目的に 1905 年に開発したビネー・シモン尺度 30 問である。これは後に，精神年齢という概念が導入され，ターマン（Terman, L. M.）らによる大規模な標準化を経て知能検査として発展し，臨床心理の主な仕事となっていく。さらに，この知能に対する関心は，児童心理学という重要な分野の発展を促した。

　精神測定学を基盤とした個人差心理学の発展に伴い，第一次世界大戦の頃，軍隊兵士のスクリーニングを目的とした質問紙がウッドワース（Woodworth, R. S.）によって作成された。それから第二次世界大戦にかけて，パーソナリティの測定や精神医学的疾患の診断を目的に，多くの質問紙法パーソナリティ検査が作成されていく。

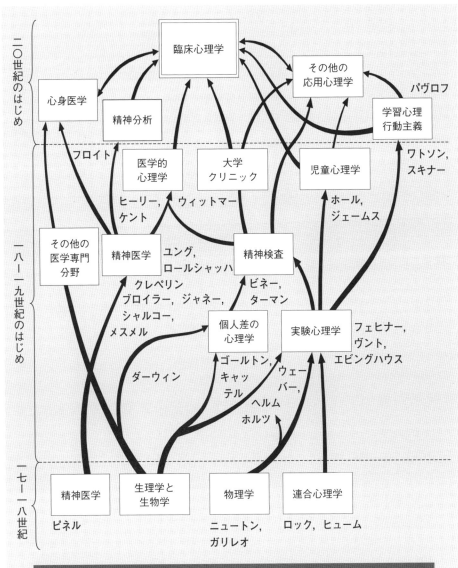

図 1-1 臨床心理学の歴史

(2) 米国における臨床心理学の発展

　1896 年ウィットマー（Witmer, L.）は 'The Psychological Clinic' を創設し，地域の学校から紹介されてくる学習困難な子どもを対象に研究を行った。彼は，「臨床心理学」という用語をはじめて用い，「臨床心理学における臨床心理的方法」を記述した最初の人といわれている。個々の子どもたちの診断と治療に，心理学的な技術と原理を応用する臨床的方法を用い，教育学的に一人ひとりの学習の障害を軽減しようとするものであった。多くの心理学者の反応は冷ややかであったが，彼は臆することなく，臨床的方法の実地教育課程を推し進め，1907 年にクリニック付属の，精神遅滞児の訓練のための 'hospital school' を設立した。

　1909 年に精神医学者ヒーリー（Healy, W.）は心理学者とともに，米国における最初の児童相談所といわれる，少年精神病質研究所（The Juvenile Psychopathic Institute）を設立した（これは後の日本における児童相談所のスタッフ配置に大きな影響を与え，日本では 1948 年の児童相談所設立時に，スタッフの一員である心理判定員は，大学の心理関連学科を卒業した者に決められていた）。

　20 世紀はじめ，米国では教育者や市民ボランティアが中心となって，学校を卒業した青少年の職業への適応を援助する，職業指導運動が活発になった。その指導の具体的な進め方の一つとして，1909 年にパーソンズ（Parsons, F.）はカウンセリングを提案した。1930 年代に入ると，この分野に心理学者が参入するようになり，精神分析的技法を取り入れるなどカウンセリングの理論と方法に新しい観点が導入されてくる。特に第二次世界大戦後の米国において，軍は VA（Veterans Affairs 復員軍人管理）プログラムのなかで，戦争神経症の心理治療のため「カウンセリング・サイコロジスト」の養成に多額の奨学金を提供した。また 1960 年代には自己実現をテーマとした人間性心理学が発展し，その中核であるロジャーズ（Rogers, C.）は来談者を中心とした心理療法を体系化した。このように米国ではカウンセリング心理学，カウンセラーが飛躍的に広がっていった。

ウィットマー　Witmer, Lightner（1867-1956）

アメリカ生まれ。ペンシルバニア大学キャッテルのもとで心理学を学んだのちライプチッヒのヴントの示唆を得，1896 年ペンシルバニア大学に最初の心理相談所（The psychological clinic) を創設した。ここでは地域から紹介されてくる学習困難の子どもを扱い，学習困難は脳の発達の問題なのか不適切な教育方法によるものか障害の記述に重点を置いた。その診断と治療に心理学的技術を応用すること，「臨床的方法」を実践することで，臨床心理学という新しい分野を紹介した。

ジャネー　Janet, Pierre（1859-1947）

フランスの代表的な異常心理学者。パリに生まれ，サルペトリエール病院で臨床研究を続けコレージュ・ド・フランスの教授などの要職につく。1889 年『心理自動症』において，ヒステリー患者の観察をもとに，心理的弱力による意識の狭窄が自動症を呈するとした。この心的エネルギーと心的緊張に関する有名な研究は，「解離症状」「二重人格」など現代精神医学に大きな影響を与えた。

フロイト　Freud, Sigmund（1856-1939）

オーストリアの精神科医で，無意識を提唱し，精神分析の創始者となった。父はユダヤ人であり，3 歳のときウィーンに移住し，ナチスの迫害のため 1938 年ロンドンに亡命するまで，ウィーンで研究や執筆活動を続けた。パリ留学時代に，シャルコーのヒステリー患者の催眠研究に影響を受け，ウィーンで開業してからは，催眠に代わり自由連想法を用いてヒステリー患者の治療に当たる。この治療方法として精神分析を確立。夢分析やエディプス・コンプレックスに関する多くの著作を著した。またユングやアドラーなど多くの弟子が彼のもとに集まったが，無意識やリビドーの理論の違いにより離れていった。遊戯療法の基礎を築いたアンナ・フロイトは，彼の末娘である。

(3) 異常心理学，フロイトの精神分析，神経症に対する力動心理学

　キャッテル，ビネー，ウィットマーらが研究室で心理学的手続きに基づいた研究を進めていた同時期に，精神病理学者，シャルコー（Charcot, J. M.）やジャネー（Janet, P.）はヒステリーの身体症状や意識の解離という異常行動についての治療や研究を行っていた。さらにシャルコーの催眠によるヒステリー研究に大きく刺激されたフロイト（Freud, S.）は，自由連想法による精神分析療法を創始し，無意識と抑圧の理論から，神経症概念とその病型を確立していった。その後精神分析療法は，精神医学における精神療法の源泉となり，多くの精神療法の流れを生み出した。

　また米国の心理学者ホール（Hall, G. S.）とジェームズ（James, W.）は，フロイトをクラーク大学の講演に招くなど，精神分析を米国に紹介し，後の力動精神医学と臨床心理学の理論的基礎をつくり，その発展に大きな影響をもたらした。

(4) 学習理論，行動主義から行動療法

　米国の心理学者ワトソン（Watson, J. B.）は1913年「行動主義者からみた心理学」においてS-R理論を発表し，その後さまざまな行動主義の流れが展開する。アイゼンク（Eysenck, H. J.）は行動療法を統一された治療概念として提案した。臨床心理学に大きな影響を与えたこととして，1973年ウォルピ（Wolpe, J.）が動物実験によって確認された行動変容技法を人間に適用し，恐怖症に対する系統的脱感作法の有効性を確認したことが挙げられる。「不適応行動は，不適切な行動の学習と適切な行動の未学習の結果である」としている。その後，バンデューラ（Bandura, A.）の社会的学習理論の影響を受け，観察学習やモデリングなどの臨床技法として発展していく。認知行動変容モデルとしてエリス（Ellis, A.）の論理情動行動療法やベック（Beck, A.）の認知療法などの心理療法が体系化されていく。

ワトソン　Watson, John Broadus（1878-1958）
アメリカの心理学者で行動主義の主唱者。シカゴ大学で，動物心理学の諸研究を通じ，1903年「動物の訓練―シロネズミの心的発達」という論文を発表する。1912年の「行動主義者が考えているような心理学」という彼の講演から，行動主義という言葉が広く知れわたった。ワトソンの行動主義は，科学的方法によって刺激―反応の関係を研究すること（S-R理論）であり，心理学は人間の行動を扱う自然科学の一分野であるとした。後に，新行動主義や行動療法に大きな影響を与えた。

アイゼンク　Eysenck, Hans Jürgen（1916-1997）
ベルリン生まれのイギリスの心理学者。モーズレイ病院の心理学部長やロンドン大学心理学の教授を務めた。パーソナリティ理論や神経症の行動科学的治療に関する研究で有名。パーソナリティ研究において，実験心理学的手法による因子特性論，実験的類型論を展開した。その理論をもとに，パーソナリティ次元として外向―内向，神経症傾向を設定し，MPI（モーズレイ性格検査）を作成したことで知られる。

ウォルピ　Wolpe, Joseph（1915-1997）
南アフリカ連邦ヨハネスブルクに生まれ，医師として開業後南ア陸軍医として戦争神経症の治療に携わる。その後パヴロフやハルの条件反応理論に関心をもち1946年からネコの実験神経症の研究に取り組む。この研究から1958年「逆制止による心理療法」を発表，学習による神経症的行動の形成を明らかにした。この法則に基づき，神経症の治療として系統的脱感作法を編み出した。

[2] 日本における臨床心理学

(1) 米国の臨床心理学を取り入れる

　戦後1950・60年代の日本において，臨床心理学は新しい学問として大きく発展していった。諸外国で考案された各種心理検査が導入され，統計的数量化に基づく心理学的方法論により知能検査や性格検査が日本版として次々に標準化されていった（1958年日本版WAIS知能検査，1963年日本版MMPI）。特に投映法ロールシャッハ・テストは各研究者により精力的に研究が進められた。1956年片口安史は『心理診断法　ロールシャッハ・テスト』を著し，村上英治がデヴォス（DeVos, G.）と共同で行った感情カテゴリーの研究の成果として名大式ロールシャッハ法を，長坂五郎・辻悟が阪大法を開発し，現在にいたるまで臨床心理査定の中心をなすものとしてその技法を発展させている。また50年代には日本精神分析学会が設立され，土居健郎や小此木啓吾が精神分析療法を日本に広く紹介し，その理論や技法は心理療法にも影響を与えた。60年代に入るとロジャーズの来談者中心療法や学習理論に基づいた行動療法，70年代には家族療法など各種治療理論が臨床の場に取り入れられていった。1964年には日本臨床心理学会が創設される。

(2) 医療場面での心理検査の担い手として

　精神医療の世界では，1950年に精神障害者の医療と保護を目的として「精神衛生法」が制定され，都道府県に精神病院の設置が義務付けられた。1965年には公的援助が外来通院まで拡大され，この法改正によって日本の精神病床は飛躍的に増加した。学問の発展とこうした時代を背景に，大学で心理学を学んだ人間が主に心理検査の担い手として精神医療の世界に活動の場を開拓していくようになる。しかし現実の病院のなかでは，医師・看護といったほかのスタッフと違い，新しい職業であるがゆえに「心理」の位置づけは漠然としており，病院によって求められる役割もさまざまで，「テスターとしての心理」「なんでもこなす医師の秘書的な心理」と呼ばれることもあった。心理検査の影響力や有用性が十分に検討されないまま検査の乱用や誤用が行われ，「患者不在の検査」「検査の一人歩き」という事態に陥ることも少なからずあった。こうした検査の使われ方を憂慮し，「検査無用論」の批判が出たこともある。しか

『精神衛生研究』第1号
（国立精神・神経医療研究センター Website より）

国立精神衛生研究所

第2次世界大戦後，WHO の動向や米国における National Institute of Mental Health（NIMH）設立の影響を受け，1952（昭和27）年に日本においても，精神医学・心理学・社会学・ソーシャルワークなどの専門家を配した国立精神衛生研究所が設立された。精神衛生に対する基礎的研究や相談事業，専門家の養成訓練を目的とした。創設当時から心理学部が組織化され，当初は佐治守夫・片口安史・山崎道子・田頭寿子の4名，その後は村瀬孝雄，山本和郎など日本の臨床心理学を牽引する多くの研究者を輩出した。

片口安史
『心理診断法　ロールシャッハ・テスト』
（1956年，牧書店）

し多くの心理の臨床家はこうした批判を真摯に受けとめ，心理検査が患者の治療に結びつく方向性を模索していった。

(3) 心理療法・カウンセリングの専門家として

　1970年代後半から80年代に入ると，それまでの「豊かな物質社会」を求めて発展してきた経済中心の日本の高度成長に翳りがみられ，「こころの時代」がクローズアップされてくる。そうした社会の要請と相まって，心理的援助を行う「こころの専門家」が広く認められ，社会一般にもカウンセリング・マインドという言葉が浸透してくる。

　1982年に「日本心理臨床学会」が創設されたことで，臨床心理学は大きな転機を迎える。学会の特徴は単なる研究や業績の発表にとどまらず，症例検討を中心とした臨床家自身の自己研鑽をモットーとし，悩み病める人々に寄り添う専門家としてのアイデンティティを獲得していく。1988年に日本臨床心理士資格認定協会が創設され，1990年には文部省の認可する財団法人として認定協会は公的に認知される。臨床心理士は，心理療法の専門家としてその存在を認められ，力動的精神療法，認知行動療法，集団精神療法，家族療法などそれぞれの場面に適したさまざまなアプローチを実践していくようになる。

(4) 臨床心理学のひろがり

　1987年に従来の精神衛生法が大幅に改定され，精神保健法と名称も改められた。社会復帰施設の設置が推奨され，リハビリテーションやデイケアは全国規模で活発に開設されていく。デイケアにおいて，臨床心理士は医師だけでなく看護師，作業療法士，ケースワーカーといった他職種と協働して治療に参加することになる。

　90年代半ばになると地下鉄サリン事件や阪神大震災のこころの後遺症としてのPTSD，幼児虐待やひきこもりといった社会問題が注目され，医療・教育・福祉といったいろいろな分野が連携して援助を行う必要のある事例が増えてくる。臨床心理士は多職種の専門チームの一員としてクライエントや家族に働きかけることを求められるようになり，子育て支援や被害者支援といった地域支援では他領域の専門職に対して，クライエント理解のためのコンサルテーショ

河合隼雄　（1928-2007）

臨床心理学者でありユング分析家。京都大学理学部卒業後，心理学を勉強するために京都大学大学院に入学。カリフォルニア大学でロールシャッハ・テストとユングの分析を学び，その後チューリッヒのユング研究所に留学し，日本人で初のユング派精神分析家の資格を得る。帰国後，ユング派の分析家カルフが考案した箱庭療法を日本に普及させた。1988 年日本臨床心理士資格認定協会を設立し，臨床心理士の社会的地位の普及に大きく貢献した。日本神話をテーマとし，『昔話と日本人の心』など多くの著書を著し，日本文化にも造詣が深い。

図1-2　公認心理師とは（日本心理研修センターホームページより）

ンも行うようになる。臨床心理士の活動領域は，病院・クリニックなどの保健・医療領域，スクールカウンセラーや教育相談などの教育領域，児童相談所・老人福祉施設など福祉領域，企業の健康管理・リワークなどの産業領域，家庭裁判所・矯正施設などの司法領域など幅広いものとなる。活動内容は，各種心理検査を中心としたアセスメント，さまざまな技法に基づく個人心理療法や集団精神療法，地域援助としてのスクールカウンセリングやコンサルテーションなど多岐にわたる。医学モデルとは違った立場として，臨床心理学的な接近法に基づいたこころの専門家を，人々や時代が必要としていたのである。

(5) 心理の国家資格　公認心理師

　このような時代を背景として 2015 年に「公認心理師」法案が成立し，2018年国家資格として多くの公認心理師が誕生した。公認心理師の活動分野は，保健医療・教育・福祉・産業・司法犯罪にわたり，特定の分野に限定されない汎用性のあるものとなっている。

　歴史をたどってみると，それぞれの時代のこころの専門家が，実際的・臨床的問題に対応してきた。こうした異なる起源をもった「人間についての活動」が寄り集まって，臨床心理学という学問の形になってきたといえる。臨床心理学は，人間一般についてのこころの働きや原理を研究課題とするのはもちろんであるが，それ以上に「各個々人の人間的問題」により焦点をあてて発展してきたのである。

[3] 臨床態度と実践

　一般の心理学者と臨床心理の専門家との，適切でわかりやすい区別は，人間に対する臨床的な考え方，いわゆる「臨床態度」である。「臨床」とは文字通り床（病床，ベッド）に臨むことであり，'clinical' という語ももともとはギリシャ語でベッドを意味している。「臨床態度」という言葉には，「臨床」という言葉の語源が脈々と流れている。苦しみ悩む人間そのものにかかわる専門家のありようを，「臨床態度」と呼ぶのである。さらに臨床心理アセスメントとは，「臨床態度」を基盤にして苦しみ悩んでいる人を理解する，ということと広い意味において同義語になる。

資料 1-1　公認心理師法 第一条

第一条　この法律は，公認心理師の資格を定めて，その業務の適正を図り，もって国民の心の健康の保持増進に寄与することを目的とする。

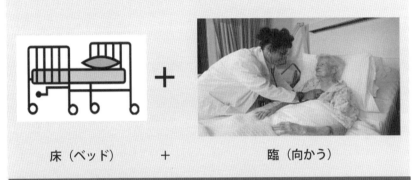

床（ベッド）　　　　＋　　　　　　臨（向かう）

図 1-3　臨床とは

「臨床的態度が正にその独自性を発揮するのは，心理学の知識を特定の人間の生活に適用するという点においてである。臨床家は心理的な苦境に立たされた個人を，理解し援助することに関心を寄せるのである。このことを追求していくなかで，彼ら臨床家は実際に機能する特定の人間に対して（略），直接的にかかわりあうのである」
　　　　　　　　　　　　　　　　　　　　　　　（コーチン（Korchin, S. J.），1976）

「人間を『客観的対象』として見るのではなく（略），『相互主体的かつ相互作用的にみずからコミットする』（中村，1977）態度によって人間にかかわろうとする。このような態度によって人間にかかわりつつ，そこに生じる現象を，できる限り普遍性をもった言語によって語ることによって，『臨床心理学』が成立する」
　　　　　　　　　　　　　　　　　　　　　　　　　　　　　（河合隼雄，2001）

図 1-4　臨床態度とは

2　臨床心理におけるアセスメントとは？

　　アセスメントとは元来は経済用語で課税対象となる財産や収入を評価することで
あった。現在では環境アセスメントなど社会で幅広く一般的に用いられている。心
理学領域では「アセスメント」は「査定」と訳されるのが通常である。ここでは，
引用文や特別な場合を除き，主にアセスメントとそのまま用いることにする。

［1］アセスメントの起源

　心理学用語としてはじめて用いられたのは，第二次世界大戦中にハーバード
大学心理クリニックのマレー（Murray, A.）らが行った，戦略事務局（Office of
Strategic Services）向けのプログラムのなかである。「機密情報にかかわる任務
に適したパーソナリティの強さをもった人物の選定（面接・心理テストを用い
る）」や，「勇気やリーダーシップといった積極的な面を見出す」ことを目的と
して，健康的なパーソナリティのアセスメントという特徴もあわせもっていた。
つまり個人差心理学や心理測定的アプローチに起源を求めることができる。

　一方，メニンガー・クリニックのラパポート（Rapaport, D.）は精神分析の
枠組みのなかで，認知のプロセスや自我形成のプロセスの研究にも力をいれ，
テストバッテリーの使用というアセスメントのやりかたを中心にした。テスト
バッテリーには，知能検査とロールシャッハ・テストに代表されるような投映
法が組まれた。患者のパーソナリティを力動的に解釈しその病理に力点を置く，
力動心理学を背景としている。

　現在では，包括的な意味として，患者・クライエントの理解と援助の見通し
を立てるために行う心理学的評価を，臨床心理アセスメントとする方向である。
医学的な評価である診断（diagnosis）と区別するという目的もある。クライ
エントが抱えている悩みや問題を把握し，それとパーソナリティの特徴，生活
史，さらにクライエントを取り巻く家族や社会環境などがどのようにかかわっ
ているかを総合的に理解・評価する。そのうえでカウンセリングによる援助が
ふさわしいかどうか，他の援助法が適しているのか，その見通しはどうか，目
標は何かということを明確にすることを意味する。その手法として，面接法，
行動観察法，心理検査がある。

[2] 臨床心理アセスメントの定義

　各研究者や心理臨床家は臨床心理アセスメントをどのように定義しているのかみてみると，図1-5のようになる。臨床心理的な援助を必要とする対象（クライエント）は，外に表れた症状が直接に特定の心理的原因に対応するとはかぎらない。多くの要因が複雑に絡み合っている。クライエントへの心理的な援助を適切に行うには，心理的問題を引き起こす原因やクライエントのパーソナリティや環境の現状を理解するための心理学的なアセスメントが必須である。このアセスメントに基づいて，環境調整・心理教育・カウンセリング・心理療法など心理的な援助や介入を行っていく。さらにその援助が役に立ち，問題が解決し，クライエントがこころの健康を回復したかどうかを明らかにするために，再びアセスメントが行われることもある。

> 「臨床心理査定とは，クライエントの状態を理解し，必要な心理的援助を与えたり，将来の行動を予測したり，援助の成果を調べることである。査定目的によってことなるが，通常は，クライエントの知能，特殊能力，性格特徴，動機（欲求），葛藤の様相，防衛機制，自己概念などの個体側の要因と，クライエントを取り巻く家族・職場などの環境側の要因を明らかにし，これらを総合することが多い」
> 　　　　　　　　　　　　　　　　　　　　　　　　　　　　　　（高橋雅春，1996）
>
> 「臨床心理学的援助を必要とする事例（個人または事態）について，その人格や状況，および規定因に関する情報を系統的に収集，分析し，その結果を総合して事例への介入方針を決定するための作業仮説を生成する過程」　　　　　　　（下山晴彦，1998）
>
> 「クライエントが抱えている悩みや問題を把握し，それとパーソナリティの特徴，生活史，さらにはクライエントをとりまく家族や社会環境などがどのようにかかわっているかを総合的に理解し評価し，カウンセリングによる援助がふさわしいかどうか，ほかの援助の手法が適しているのではないか，援助の見通しはどうで目標はなにかに至るまで明確にすること」　　　　　　（佐々木正宏・大貫敬一，2002）

図1-5　臨床心理アセスメントの定義

[3] 臨床的アセスメントの過程

　サンドバーグ（Sundberg, N. D.）とテイラー（Tyler, L. E.）は臨床的アセスメントの過程を，次の四段階の流れとして図示し，アセスメントにおける臨床家をとりまく客観的活動と臨床家自身の内的・認知的活動のかかわりを明確に描きだしている。アセスメントでは，データがインプットされ，最終的にアウトプットが行われるが，この図式にはどの段階においても臨床的解釈・判断・決定がみられる。つまりすべての段階において，臨床家の臨床的決断が必要とされていることがわかる。

　(1) 準備―患者の問題を確認し，処遇計画立案上の観点を取り決め，アセスメントの先の段階を計画する。

　(2) インプット―患者と患者をとりまく状況に関するデータを集める。

　(3) 処理（プロセッシング）―集められた材料がまとめられ，分析され，解釈される。

　(4) アウトプット―その個人に関して出された結果が討議され，以後の臨床的働きかけについての決定を行う。

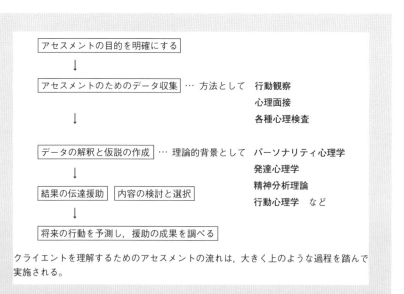

アセスメントの目的を明確にする
↓
アセスメントのためのデータ収集 … 方法として　行動観察
　　　　　　　　　　　　　　　　　　　　心理面接
↓　　　　　　　　　　　　　　　　　　各種心理検査

データの解釈と仮説の作成 … 理論的背景として　パーソナリティ心理学
↓　　　　　　　　　　　　　　　　　　　　発達心理学
結果の伝達援助　内容の検討と選択　　　精神分析理論
↓　　　　　　　　　　　　　　　　　　行動心理学　など
将来の行動を予測し，援助の成果を調べる

クライエントを理解するためのアセスメントの流れは，大きく上のような過程を踏んで実施される。

図1-6　臨床的アセスメントの流れ

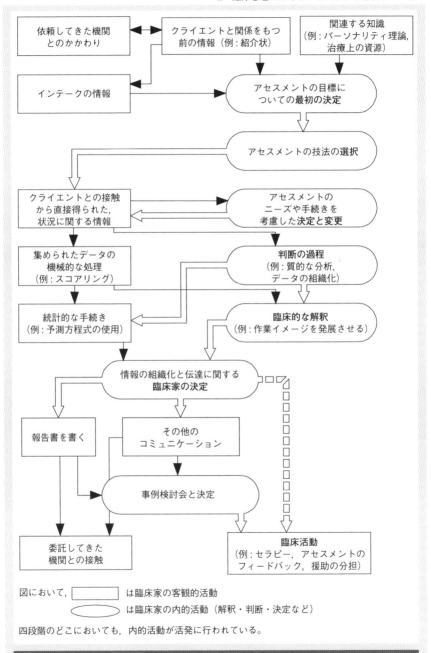

図において，□□□ は臨床家の客観的活動

○○○ は臨床家の内的活動（解釈・判断・決定など）

四段階のどこにおいても，内的活動が活発に行われている。

図 1-7 臨床的アセスメントの流れ（Sundberg & Tyler, 1962 を改変）

3　臨床心理アセスメントにおける倫理

　公認心理師や臨床心理士の活動には,「倫理規範」だけでなく「法的義務」も含まれる。こころの専門家として,さまざまな倫理的要請に配慮し,法的職責を厳重に果たさねばならない。クライエントや心理的援助を必要とする人々の人権と福祉に反することは,いかなる場合も行ってはならない。

[1]　公認心理師・臨床心理士の義務と倫理

　国家資格である公認心理師には,明確な役割や法的義務,必要な倫理が定められている。その資格と役割は資料1-2に示す通りであり,第2条の1には,公認心理師の業務として心理アセスメントが明示されている。これらの業務遂行には秘密保持など法的義務が伴う。他にも公認心理師の法的義務があり,内容の理解は必須となる。同じように臨床心理士においては日本臨床心理士会倫理綱領のなかで基本的倫理を明文化している(資料1-3)。日本心理臨床学会は心理検査における倫理的配慮について,資料1-4に明文化されているような内容を定めている。アセスメントの目的を明確にし,インフォームド・コンセントを行い,なおかつ還元の義務(伝える義務)を負う。そのためには,アセスメントで得られた情報や内容を解釈したりまとめあげるときも,十分な配慮が必要となる。

[2]　インフォームド・コンセント IC (Informed Consent)

　インフォームド・コンセントICとは,「説明と同意」と訳されることが多いが,さらに踏み込んで「正しい情報を得た(伝えられた)うえでの合意」を意味する概念である。特に,医療や人間科学領域にかかわる倫理として用いられる。医療行為(投薬・手術など)や心理的援助介入(心理検査・面接など)の対象者(患者やクライエント)が,治療や援助の内容についてよく説明を受け理解したうえで(informed),方針に合意する(consent)ことである。ICの概念として,「説明・理解」と,それを条件にした「合意」の,いずれも欠けていないことが重要である。
　(1) 自己決定権の保障:患者側の同意,自己決定行為

資料 1-2　公認心理師法 第二条

第二条　この法律において「公認心理師」とは，第二十八条の登録を受け，公認心理師の名称を用いて，保健医療，福祉，教育その他の分野において，心理学に関する専門的知識及び技術をもって，次に掲げる行為を行うことを業とする者をいう。

　一　心理に関する支援を要する者の心理状態を観察し，その結果を分析すること。
　二　心理に関する支援を要する者に対し，その心理に関する相談に応じ，助言，指導その他の援助を行うこと。
　三　心理に関する支援を要する者の関係者に対し，その相談に応じ，助言，指導その他の援助を行うこと。
　四　心の健康に関する知識の普及を図るための教育及び情報の提供を行うこと。

資料 1-3　臨床心理士における基本的倫理

日本臨床心理士会倫理綱領　から抜粋

第1条　基本的倫理（責任）

　1　会員は，基本的人権を尊重し，人種，宗教，性別，思想及び信条等で人を差別したり，嫌がらせを行ったり，自らの価値観を強制しない。

　2　会員は，業務遂行に当たって，対象者のプライバシーを尊重し，その自己決定を重んじる。

　3　会員は，対象者に対する心理査定を含む臨床心理行為を個人的欲求又は利益のために行ってはならない。同時に，対象者が常に最適な条件で心理査定を受けられるように，心理査定用具及びその解説書の取扱いには十分に留意する。

　　以下ー　略　ー

資料 1-4　心理検査における倫理的配慮

日本心理臨床学会　規程集　より抜粋

心理検査等の査定技法を用いる場合には，その目的と利用の仕方について，対象者に分かる言葉で十分に説明し，同意を得なければならない。

査定技法が対象者の心身に著しく負担をかけるおそれがある場合，又はその査定情報が対象者の援助に直接結びつかないとみなされる場合には，その実施は差し控えられなければなからい。

査定結果に関する情報を求められた場合には，情報を伝達することが対象者の福祉に役立つよう，受取り手にふさわしい用語と形式で答えなければならない。測定値，スコア・パターン等を伝える場合も同様である。

(2) 知る権利の保障：診断や治療内容について，患者に十分に説明すること
(3) 伝える義務（還元義務）の遂行

[3] 守秘義務と個人情報

　守秘義務とは，一定の職業（公務員，弁護士，医師など）や職務に従事する者に対して，「職務上知りえた秘密を守る」ため，法律の規定に基づいて特別に課せられた義務のことである。カウンセラーや臨床心理士などこころの専門家も，臨床業務上知りえた個人情報や相談内容を，正当な理由なく漏らしたり利用してはならない。特に公認心理師の場合は，秘密保持義務（第四十一条）の遵守が課せられ，違反した場合は罰則規定も設けられている（資料 1-5）。ただし，その内容が自殺や自傷，または他害の恐れがあると判断される場合や，法律に定めがある場合は，専門家としての判断のもと，柔軟で慎重な対応が必要となる。また事例や研究の公表に際しては，特定の個人の資料を用いる場合は，その個人の秘密を保護する責任をもち，その職務を辞めた後も，同様の責任を負わねばならない。

　個人情報に関しては，近年情報化社会の進展とともに，個人のプライバシーにかかわる内容が第三者に容易に把握されてしまう恐れが高まってきている。そのため日本では，2003 年「個人情報の保護に関する法律（個人情報保護法）」が制定され，2005 年から全面施行された。個人情報には，以下のようなものがある。氏名，性別，生年月日，住所，職業，家族構成，通院歴，携帯電話やコンピューターの IP 番号，写真など「特定の個人を識別できるもの」である。また「要配慮個人情報」として，本人の人種，信条，社会的身分，病歴，犯罪の経歴，犯罪により害を被った事実など，本人に対する不当な差別，偏見その他の不利益が生じないようにその取扱いに特に配慮を要するものがある。

● 理解を深めるための参考書籍 ─────────────────────

1. 下山晴彦・丹野義彦（編）（2001）．講座　臨床心理学 1　臨床心理学とは何か　東京大学出版会
2. 岡堂哲雄（編）（1996）．新版 心理臨床入門─臨床心理士をめざす人のために　新曜社
3. 日本心理研修センター（編）（2016）．公認心理師　金剛出版
4. 横田正夫（編著）（2016）．テキストライブラリ心理学のポテンシャル 8　ポテンシャル臨床心理学　サイエンス社

インフォームド・コンセントの概念は，欧米では，ナチス・ドイツの人体実験への反省から生まれたニュルンベルク綱領 1947 に端を発し，臨床試験 / 治験について IC の必要性を勧告したヘルシンキ宣言 1964 として，1960 年代に確立した。日本では，1990 年に日本医師会生命倫理懇談会が「説明と同意についての報告」を出してから一般的に知られるようになった。また 1997 年の医療法改正によって，医療者は適切な説明を行って，医療を受ける者の理解を得るよう努力する義務がはじめて明記された。

資料 1-5　公認心理師の義務と罰則（公認心理師法 第四章・第五章）

　　　第四章　義務等
（信用失墜行為の禁止）
第四十条　公認心理師は，公認心理師の信用を傷つけるような行為をしてはならない。
（秘密保持義務）
第四十一条　公認心理師は，正当な理由がなく，その業務に関して知り得た人の秘密を漏らしてはならない。公認心理師でなくなった後においても，同様とする。

　　　第五章　罰則
第四十六条　第四十一条の規定に違反した者は，一年以下の懲役又は三十万円以下の罰金に処する。

第 2 章

臨床心理アセスメントの方法

一面接一

1　アセスメントとしての心理面接

[1]　アセスメントとしての心理面接と心理療法における面接

　臨床心理の基本的なテクニックである心理面接には，アセスメント面接（インテーク面接，診断面接など）と臨床的な面接（カウンセリングや心理療法）がある。アセスメント面接は，援助や介入のプランを描くために臨床心理の専門家がクライエントの問題を把握することが主たる目的になる。心理療法では，さまざまな立場や理論をもって，クライエントの感情や行動に望ましい変化をもたらすため，クライエントが自分自身を理解するように促すことに力点を置く。しかし両者は強調点が異なるだけで，以前ほどアセスメント面接と心理療法を区別しなくなっている。アセスメントの最初の段階の面接でさえも，面接者はすでに治療的な役割を担っている。クライエントの問題について知ることと，その問題に対して治療的に対応することは，一つの連続したプロセスであり，合わさった二つの側面である。クライエントと治療者（面接者）が，誠実に協力し合うことが第一である。

　一般には，各種相談機関や医療機関においてアセスメントの手続きは，インテーク面接・診断面接・社会生活史を調べる面接・心理検査などが，多職種によって行われる。しかし規模の小さなクリニックや相談所などでは，初回面接にこれらの手続きがまとめて行われることもある。

[2]　アセスメント面接の目的

　面接ではクライエントの以下のような問題を理解する。

(1) クライエントは今，何を一番問題としているか。その問題は，いつから起こり，どのような状態で続いているのか。どうして「今この時期に，ここに」援助や治療を求めてきたのか。

(2) その問題に対して，クライエント自身はどう対処してきたのか。これまでどのような援助を受け相談をしてきたか（相談歴・治療歴）。それらの内容をクライエントはどう評価しているのか。

(3) 問題を，周囲の人間（家族や職場・学校などの関係者）はどのように考えているのか。

(4) クライエントは，生育史や自分自身をどのようにとらえているか。結婚や出産，夫婦関係の考え方など，生活史の概要を把握し整理する。

(5) クライエントをとりまく社会環境（家庭・学校・職場など）やそこにおける対人関係の様相はどうであるか。どのような環境や家族関係のなかで育ってきたか。

　時間や物理的な制約がある場合は，(4)(5)はその後の面接のなかで聞いていくこともある。

　臨床的な心理面接の目的は，それがアセスメントの段階であってもクライエントのもっている苦しみを和らげるという方向に沿って，クライエントを理解していくこと，クライエントと治療者お互いが共通の目標を目指して，ともに力を合わせていくことである。

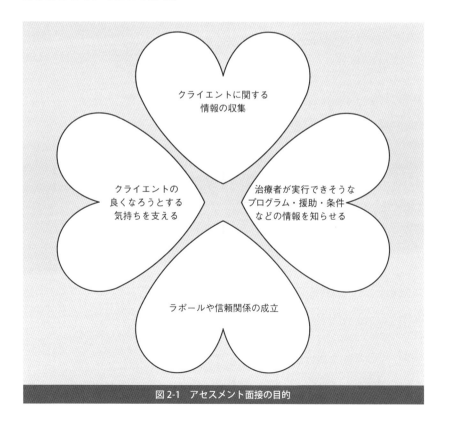

クライエントに関する
情報の収集

クライエントの
良くなろうとする
気持ちを支える

治療者が実行できそうな
プログラム・援助・条件
などの情報を知らせる

ラポールや信頼関係の成立

図2-1　アセスメント面接の目的

2　諸種の面接法

　アセスメントを目的とした面接には，面接構造の内容や，相談・治療機関の違い，アセスメント目的の違いによって，以下のようなものがある。

[1] インテーク面接（受理面接）

　インテーク（受理）という言葉には，相談・治療機関側がクライエントを受け入れる，という意味合いがふくまれている。したがって相談・治療機関が，クライエントの期待やニーズにあっているかどうか判断しながら，提供できる治療や援助を紹介するという側面がある。たとえば，社会資源を提供する機関において，その機関の機能がクライエントの要望に合致するか否かを判断する客観的基準が比較的明確に規定されていることが多い。

[2] 構造化面接

　構造化面接とは，必要な情報を一定の基準で得るため，あらかじめ決められた質問項目に従って行う面接法である。標準化面接，指示的面接ともいわれる。構造化面接は，非構造化面接に比べ面接方法が一定のマニュアルに沿って構成されているため，個人間比較を行いながら診断や鑑別が可能であり，特定の疾患や症状のアセスメントができる。面接の評価方法が明確であり，アセスメントの信頼性や妥当性の検討が可能であるという特徴をもっている。代表的なものとして精神医学での診断・評価としての診断面接がある。従来精神障害の診断は評価者によって大きく異なることが指摘されており，診断基準の確立と診断の一致を高める目的で行われるようになった。代表的なものにSCID (Structured Clinical Interview for DSM-Ⅳ Axis Ⅰ Disorders)精神科診断面接や精神疾患簡易構造化面接法 M.I.N.I. がある。また Vineland-Ⅱ のように低年齢の子どもの適応行動を評価する方法として半構造化面接を設定しているものもある。

[3] 事実確認（面接）

　児童虐待の頻発や深刻化を受け，虐待の未然防止・早期発見を目的に児童

表 2-1　教育相談における受理面接票（例）

受理面接票

　　　　　　　　　　　　　　　　　　　　　　　　年　月　日　受理

Ⅰ 氏名：
　1. 来談者　　　　　　　　　　　2. 面接者
Ⅱ 1. 問題の概要
　2. 起始・経過（処置）
Ⅲ 1. 身体・生理的側面に関する発達の状況
　　（1）過去：
　　（2）現在：
　2. 知能・学業的側面に関する発達の状況
　　（1）過去：
　　（2）現在：
　3. 性格・情緒的側面に関する発達の状況
　　（1）過去：
　　（2）現在：
　4. 環境の状況
　　（1）家庭
　　　　ア　住居：
　　　　イ　家族（経済状況）：
　　　　ウ　父－子関係：
　　　　エ　母－子関係：
　　　　オ　夫婦関係：
　　　　カ　同胞関係：
　　　　キ　その他：
　　（2）学校
　　　　ア　交友関係：
　　　　イ　師弟関係：
　5. 遺伝的関係
Ⅳ 1. 担任の見解
　2. 父母の見解
Ⅴ 1. 所見
　2. 予後

家庭相談体制の充実を図るため，2000年に児童虐待防止法が制定された。児童虐待への対応を強化するための「子ども虐待対応の手引き」（厚生労働省，2007）のなかには，子どもからの事実確認（面接・観察）をどのように行うかとして，特に性的虐待を受けた子どもへの被害確認面接がある。性的虐待が司法の場で扱われることが多い欧米において，こうした司法手続きのために用いられる面接法として，司法面接（forensic interview）と呼ばれる方法がある。虐待された子どもたちに対する初期対応として，子どもが受けた被害を適切にアセスメントすることは，子どもが被害を開示した後の二次的被害を防ぎ，子どもの負担を最小限にするためにも重要であり，高度な面接技術を要する特殊なアセスメント面接である。手引きでは以下の三点を主な目的としている。①子どもからの聞き取りが子どもに与える負担をできる限り少なくし，②話の内容が誘導の結果ではないかという疑念がもたれる可能性を排除し，③性的虐待が虚偽の話でなく実際にあった出来事であるかどうか正確な情報を得る。

[4] 予　　診

　医療機関の外来で行われ，本来担当すべき医師の診察前に行う予備面接であり，初診の患者の主訴や現病歴・生活歴などの概括的な情報を聞き取る問診的面接の特徴をもつ。時には，研修医やフレッシュマンが，上級医師から指導を仰ぐため前もって予診を取るという，教育的側面をもつ特殊な面接を意味することもある。

表 2-2　予診のもつ 3 つの機能（笠原，1997，p.3 を参考に筆者作成）

1. 教育的側面（教育を受けるフレッシュマンや研修医のため）：主治医師の診察に先立ち，フレッシュマンが練習の意味で診察し診断を付し，それについて指導を仰ぐ機能
2. 情報提供的側面（主治医師のため）：主治医師の診察の助けになるような情報を聞き取り提供する機能，医師でなく臨床心理士や PSW でもよい
3. 初回面接的側面（患者とその家族のため）：予診のもつ初回面接の側面とその機能

3　インテーク面接

[1]　インテーク面接とは

　受理面接ともいわれる。インテーク面接の目的は，クライエントの主訴を明確にし，クライエントの抱えている問題の概要の明確化，治療の方針の決定，問題解決の手がかりを見つけることである。インテーク面接ではクライエントに関する基礎情報を収集することが主となるが，この段階においてクライエントとの間にラポールを形成することが重要であり，その後の心理支援の土台となる面接でもある。

[2]　インテーク面接の流れ

　具体的なインテーク面接の会話の流れを，資料2-1に示す。その内容は，おおよそ次の4段階からなる。

　(1)　面接への導入：面接者自身の自己紹介。被面接者の確認（誰が話をするのか）。インフォームド・コンセント，つまり個人情報の扱いや守秘義務について説明をする。紹介状など資料があるかどうかを確認する。面接に入る前に話したいことがあるか，聞きたいことがあるか確認する。

　(2)　面接前半：どういうことで困って受診・来所したのか，じっくり聞く。クライエントが話しやすい雰囲気をつくる。クライエントが主体的に話せるようにする。

　(3)　面接後半：さらに必要な基礎的情報を補う（家族歴・生育歴・教育歴・職歴・既往歴など）。時間配分を考慮し，このクライエントのインテーク面接として，必要な情報はなにかを柔軟に判断していく。

　(4)　面接の最後・まとめ：クライエントが言い足りなかったことがないかどうか。この先のことについてのクライエントからの質問を受ける。この後の援助の方向や面接の進め方について，現段階で説明できることは説明する。

（1）はじめに

面接室に案内する（呼び入れる）。クライエントの名前の確認。

治療者の「自己紹介」

「お一人でいらっしゃいましたか？　どなたかと一緒にいらっしゃいましたか？」

＊面接は一人がいいか，一緒に来た人と同席がいいかたずねる。原則は本人の希望。

（2）面接の開始

①「どういうことがお困りでいらっしゃいましたか？」…答えたままの記述。

②症状について，クライエントの主訴の確認と受診のきっかけ。

　　自発的に受診したのか？　連れて来られたのか？　勧められたのか？

　　問診表があればそれを参考にする。

　　主訴に関連すると思われる症状についても，足りなければこちらから確認。

　　例：「そのとき睡眠はどうでしたか？」「食欲はどうでしたか？」

③症状の始まりの同定。初発かどうかを確認。

　　「…はいつ頃から始まりましたか？」

　　「以前にも同じようなことはありましたか？」

　　「…は急に始まりましたか？　それとも徐々にでてきましたか？」

　　「今までに，状態が一時的に良くなったり，悪くなったりというような変化はありましたか？」

④主訴に関連する別の症状はなかったかを確認。

　　「それまでは何か他の症状でお困りになったことはなかったですか？」

　　誘発因子を確認。

　　「……が始まる前に，何かきっかけとなるような変化や出来事がありましたか？」

例：過労・対人葛藤・喪失体験（人や物）・試験などの「試される」状態・遭難・日常環境の急な変化（転勤や転校・昇進・配置換え・子女の結婚など・負担の急激な増減・家族成員の変化・引越し・出産など）・過酷な非日常的環境など。

⑤状態の日内変動，年内変動，場所や行為との関連を確認。

⑥睡眠。

　　寝つき・寝覚め・就寝の状態。睡眠時間・途中覚醒・夢見など。

⑦食欲はあるか？

(3)「少し全体的なこともお聞きします」

①「家族歴を聞く」

両親・兄弟の年齢・性別・職業・婚姻の有無・子供について

「ご結婚は？」　配偶者の年齢・職業，子どもについて聞く。

亡くなっている人があれば死因も。親族の既往歴。

②「生育歴を聞く」

生育地・学歴などどう育ってきたかを簡潔に聞く。

クライエントの年齢によって聞き方が異なる。クライエントのどの時代に焦点を合わせるかは，ケースバイケース。時には戦争体験や受験，離婚など大きなエピソードが語られるときもある。

③「職歴を聞く」

職種，入社，配置転換や転職などは？

職場での対人関係（上司や同僚など），仕事の負荷やストレスは？

④「身体科歴などを聞く」

「いままで大きな病気や怪我をなさったことがありますか？」

「アレルギーは？」「薬のアレルギーは？」

「生理はあるか？　規則正しいか？　初潮の時期は？（特に思春期の女性）」

「出産の経験は？」など

⑤嗜好品

特に酒・煙草を嗜むか，その量は？

⑥「性格について聞く」

「ご自身の性格をどのように考えていらっしゃいますか？」

「たとえば……？」と例を挙げてもらうほうがわかりやすい。

(4) 面接の終わりに

以上を大体1時間以内（40〜50分）で収まるようにする。

面接時間が決められている場合は，最低「この後の面接の進め方についての説明，クライエントの質問など」の時間を残しておくようにする。

「クライエントがどうしても伝えたいことが，話せたかどうか？」

「ここはクライエントの援助に適しているかどうか？」

クライエントの気持ちがほぐれるような雰囲気を作り，以降の援助方法についての具体的な手続き確認などを行う。病院・クリニック・教育相談・児童相談など施設によってそれぞれ違いがあるので，クライエントにもそれがよく理解できるように，説明する。

＊インフォームド・コンセントや守秘義務の説明などは，面接のはじめにするか，面接の終わりにするか，クライエントの状態やその時の状況で柔軟に対応する。

面接の具体的な流れ

[3] 相談記録票

　それぞれの施設や機関の特徴にあわせて，独自の相談記録票を作成していることが多い。インテーク会議などで，その記録をもとに今後の援助や介入方針が話し合われることを考慮し，事例の問題や基礎情報が簡潔に読みやすいように工夫されている。幼児・児童・思春期の相談を中心に受ける施設では，生育歴を詳しく把握できる表を作成したりしている。

　臨床心理士養成大学院に付属する，R心理臨床センターの相談記録票を参考に掲載する。実習として大学院生が陪席することもあり，その欄が設けてある。

表2-3　インテーク・シート	
ケースNo.　―　インテーク日　　年　月　日　インテーカー ケース名　　年齢　歳　性　　職業　　陪席者 主訴 来談者の印象 家族歴 既往歴 生育歴	問題の経過 陪席の感想 印象的だった面接者の質問， 受け答え等の対応

	表 2-4　生育歴		

氏名　　　　　　　　　　　　　　　　　　　　　　　記入者　　　　　　　　年　　月　　日

誕生前	妊娠中の母親の健康状態 母親の気持ち
誕生時	熟産・早産（　ヶ月）　出生時体重（　　g） 分娩の状態 身体発達（良・普通・悪） 泣き方（強・中・弱）　乳の吸い方（強・中・弱）
乳児期	身体発達（良・普通・悪） 定首（　歳　ヶ月）始歩（　歳　ヶ月） 人見知り（激しい・普通・ない；　　　　　　　　　　　　　） 片言の使い始め（　歳　ヶ月） 栄養（母乳・人工乳・混合乳）離乳（　歳　ヶ月） 主な養育者（　　　　　　　　　）保育園に（　歳　ヶ月）で入園 育てる上で心配だったこと
幼児期	身体発達（良・普通・悪）知恵づき（早い，普通，遅い） おむつのとれた時期（　歳　ヶ月） 友達関係 活発さ（活発・普通・おとなしかった） 反抗 甘え 気持ちの表現 嫌なこと，難しいことに対して（取り組む・普通・避ける） 主な養育者（　　　　　　　　　） 幼稚園・保育園に（　歳　ヶ月）で入園 出席の様子 育てる上で心配だったこと
小学生の時	健康状態 友達関係 反抗　　　　　　　　　甘え 学業成績　　　　　　　出席の様子 趣味・興味 学童保育（小学　年〜　年　月） 心配だったこと
中学生の時	健康状態 友達関係 反抗　　　　　　　　　甘え 学業成績　　　　　　　出席の様子 趣味・興味 部活動 心配だったこと
高校生の時	健康状態 友達関係 反抗　　　　　　　　　甘え 学業成績　　　　　　　出席の様子 趣味・興味 部活動 心配だったこと
癖や気になる事	頭痛・引きつけ・痙攣・貧血・乗り物酔い・吐き易い・下痢しやすい・チック つめかみ・性器いじり・夜尿・頻尿・吃音・夜泣き・寝ぼけ・偏食・食欲不振 潔癖・緊張し易い・怖がり・神経質・発熱しやすい・風邪をひきやすい・指しゃぶり 喘息・その他
大きな病気	病名　　　　　　　時期 病名　　　　　　　時期
障害の有無	障害名　　　　　　　療育手帳　　　　　　級

[4] ジェノグラム（家系図）について

　原則として三世代をさかのぼる家族員（血縁だけでなく同居したり，関係の深い人も含む）の家系図をジェノグラムという。家族療法，特に家族の歴史的側面を重視する多世代アプローチ派では，家族の世代の移り変わりに注目し，ジェノグラムを活用する。家族療法的アプローチにかぎらず，ジェノグラムを作成すると家族関係が一目瞭然となり，問題の整理や家族力動の理解に役立つ。ジェノグラム（関係を書き入れた家系図）は臨床実践の場で，アセスメントや介入の基礎資料として活用され，今では，精神医学，臨床心理学，ソーシャルワークや司法臨床の分野で，広く取り入れられている。

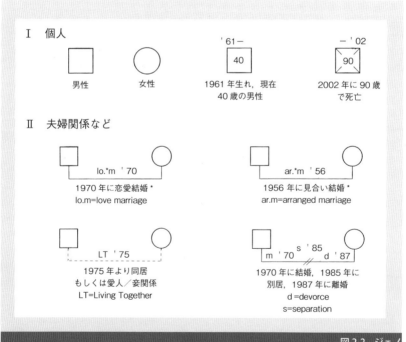

図 2-2　ジェノ

Ⅲ 子どもなど

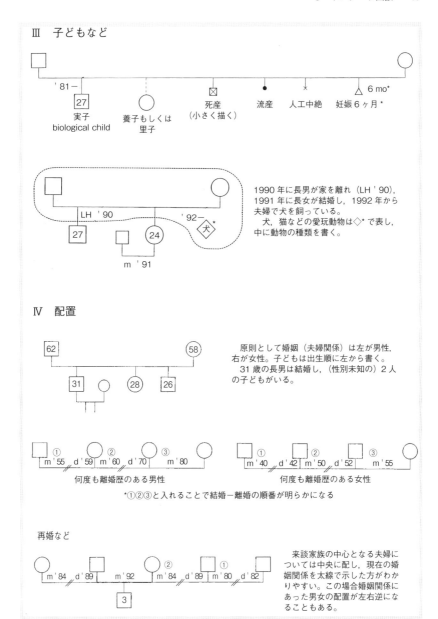

'81－
27
実子
biological child

養子もしくは
里子

死産
（小さく描く）

流産

人工中絶

妊娠6ヶ月 *

6 mo*

1990年に長男が家を離れ（LH '90），
1991年に長女が結婚し，1992年から
夫婦で犬を飼っている。
犬，猫などの愛玩動物は◇* で表し，
中に動物の種類を書く。

LH '90
27

'92－
犬*
24

m '91

Ⅳ 配置

62   58

31   28   26

原則として婚姻（夫婦関係）は左が男性，
右が女性。子どもは出生順に左から書く。
31歳の長男は結婚し，（性別未知の）2人
の子どもがいる。

① m '55   d '59 ② m '60   d '70 ③ m '80

何度も離婚歴のある男性

① m '40   d '42 ② m '50   d '52 ③ m '55

何度も離婚歴のある女性

*①②③と入れることで結婚ー離婚の順番が明らかになる

再婚など

m '84   d '89   m '92   m '84 ② d '89 ① m '80   d '82

3

来談家族の中心となる夫婦に
ついては中央に配し，現在の婚
姻関係を太線で示した方がわか
りやすい。この場合婚姻関係に
あった男女の配置が左右逆にな
ることもある。

グラム（中村，2002）

▌4　診断面接

[1]　操作的診断

　精神医学（医師）における基本的なアセスメントである診断は，時代背景や理論，地域によっても大きく異なっていた時代があった。しかし精神病理やその治療のために意見を交流するには，共有できる診断概念や基準が必要となってくる。世界各国の精神科医が共有しうる診断分類基準を作成するために，精神障害の症状を各精神科医がどう評価するか，「症状評価」の一致のための尺度が開発された。こうした目的や経緯で作られたのが DSM といわれる診断マニュアルである。また WHO には，世界各国の死亡統計（死因や疾病の分類）から発展した，国家規模の疫学調査に役立てるための疾病診断分類がある。どちらも具体的な診断基準を用い，半ば自動的に診断できる操作的なものになっている。例として DSM-5 における抑うつエピソードの診断基準と ADHD の診断基準を取り上げてみる。DSM の特徴として，このマニュアルは精神科医のみならず，開業医も利用できるよう簡便な診断手引書になっており，診断手順は，なるべく症状記述に沿ってなされるよう考案されている（表 2-5, 2-6）。

　また ADHD を診断評価するプロセスとして，図 2-3 は，構造化面接，チェックリスト，心理検査などを含んだ包括的なアセスメント（診断）プロセスの代表的なものである。

[2]　DSM と ICD

　DSM（精神障害の診断・統計マニュアル：Diagnostic and Statistical Manual of Mental Disease）：米国精神医学会（APA）が作成。学問的研究を促進し治療のガイドラインを提供する目的で作成。2013 年に DSM-5 が公表され，2014 年日本版が刊行されている。

　ICD（国際疾病分類：International Classification of Diseases）：世界保健機構（WHO）が作成。国家機関による疫学調査や国際的調査で使われることを想定し，発展途上国でも使えるように診断基準が複雑になり過ぎないよう工夫している。1990 年から ICD-10，2018 年には ICD-11（第 11 版）が公表されている。

表 2-5　抑うつエピソードの診断基準 (沼. 2014　診断基準 DSM-5 に準拠)

以下の症状のうち 5 つ以上が，少なくとも 2 週間の期間存在し，病前の機能から明らかに変化を起こしている。著しい苦痛や社会・職業的な機能障害を起こしている。物質や他の医学的状態によるものではない。

* ＊ほとんど一日中，ほとんど毎日の抑うつ気分
* ＊ほとんどすべての活動における興味または喜びの喪失
* ＊食欲や体重の著しい変化
* ＊ほとんど毎日の不眠や睡眠過多
* ＊精神運動性の焦燥や制止など活動の変化
* ＊易疲労性，気力の減退
* ＊無価値感や罪責感
* ＊思考，集中，決断の困難
* ＊繰り返し死について考えたり，自殺念慮・計画・企図

表 2-6　ADHD の診断基準 (沼. 2014　診断基準 DSM-5 に準拠)

A) 不注意，多動・衝動性のパターンがどちらも 6 項目以上の症状（17 歳以上の成人は 5 項目の症状）が 6 か月以上持続する
 1. 不注意：(学業，仕事，活動において)，綿密に注意できないか不注意な間違い，注意を集中し続けることが困難，話しかけられたとき聞いていないかのよう，指示に従えず義務をやり遂げることができない，順序立てることが困難，課題に従事することを避けたり嫌ったり嫌々する，必要なものをなくす，外の刺激に気が散る，忘れっぽい
 2. 多動・衝動性：手や足をそわそわと動かし椅子でもじもじする，座っていることを要求されるのに席を離れる，不適切に走り回り高いところに登る，静かに遊べない，じっとしていない「エンジンで動かされるように動く」，喋りすぎる，質問の終わる前に答える，順番が待てない，他人を妨害し邪魔をする
B) 症状のいくつかは 12 歳以前に出現する
C) 症状のいくつかは複数の場でみられる
D) 症状によって，社会的生活，学業，仕事において支障をきたしている
(除外項目に ASD は挙げられていない)

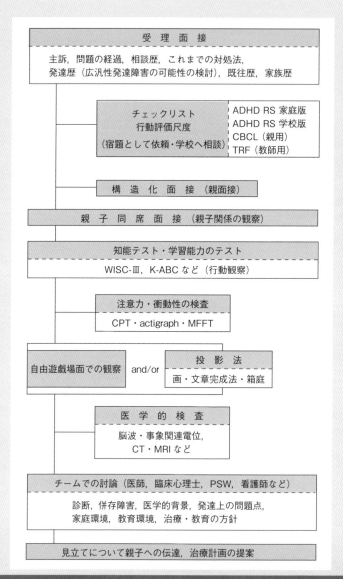

図 2-3 ADHD の診断評価プロセス (生地, 2003)

【うつ病の簡易チェック・シート】

Ⅰ　最近2週間のあいだで

□　ほぼ毎日，一日中，ひどく悲しい，憂うつ，落ち込み，苛立たしい気分になる

□　ほぼ毎日，一日中，今まで楽しんでいたことに興味がなくなったり，楽しさをまったく感じない

　　　　↓　　　　　　　　　　↓

　一つも該当しない　　　一つ以上に該当する

　　　　↓　　　　　　　　　　↓

　うつ病ではない　　　　Ⅱに進む

Ⅱ　いつもと違って，最近2週間 ほとんど毎日

□　いつも以上に体重が減ったり，増えたりした

□　ひどく眠れない，またはいつも以上に眠りすぎてしまう

□　いつも以上にイライラがひどい，または話し方や動作がひどく鈍くなっている

□　いつも以上にひどい疲れや，気力がないと感じる

□　「自分はどうしようもない人間」「悪い人間」と，自分を責めてしまう

□　考えが進まず，物事が決められない

□　「いっそ死んでしまいたい」と繰り返し考える

　　　　↓　　　　　　　　　　↓

　3つ以下の該当　　　　4つ以上該当する

　　　　↓　　　　　　（＊Ⅰで2項目とも該当なら3つでも）

　うつ病ではない　　　　　　↓

　　　　　　　　　　うつ病かもしれない！！

5　初回面接

　文字通り，クライエントと治療者の最初の面接のことである。しかし初回面接という言葉には，クライエントと治療者がこれからともに心理療法やカウンセリングを行いうるかどうかを判断するための最初の重要な面接である，という意味合いがこめられている。同じように最初の面接であるインテーク面接に比較して，「クライエントの主体性」を包含した面接として位置づけられる。その後に続く治療過程のための，面接の第一歩である。治療者とクライエントの，心理療法としての出会いがはじまる面接である。精神分析を基盤とした精神療法・心理療法では，初回面接の意味づけは大きい。

初回面接における見立て・判断・決断

　心理療法が開始されるには，以下の3つの側面から判断が行われる。

(1)　客観的な基準に基づいた判断

　①クライエントの問題が，心理的要因にかかわるものであるか否か。

　②治療を開始することによって，心身状態の悪化・急変を招来しないか。

　③心理療法に優先させるべきほかの治療法の有無の判断。

(2)　治療者の主体的判断

　治療者は自分の能力や現実的条件を考慮して，治療を開始する。クライエントの病態水準やパーソナリティ特性を考慮し，治療構造について見通しを立てる。

　①面接の頻度や時間の枠。

　②外来治療が可能か，入院が必要になるか。

　③自殺などの行動化の可能性。

　④家族へのかかわりはどうなるか。

　⑤クライエントの退行の程度は。

　自分とクライエントによる治療の可能性，治療法の選択をする。

(3)　クライエントの側の判断

　クライエントの治療に対する態度・適性や治療意欲についての判断。

【誰がクライエントか？】

①クライエントが自分の問題で来談した場合。

②症状を出している人と来談者が別人である場合。

③症状を出している人と問題（症状発現にかかわる）をもっている人が別人である場合。

④複数の人が来談した場合。

　症状を出している人，問題をもっている人，治療を必要としている人，クライエント，これらは別の概念である。

　クライエントの治療意欲は治療者の態度と切り離しては考えられない。治療者がクライエントの治療意欲をどこまで引き出しうるか，治療者がクライエントの無意識の言葉を，初回面接という共同作業でどれだけ発見できるかどうかが，その後の治療継続や信頼関係に大きくかかわっている。

図 2-4　初回面接において

● 理解を深めるための参考書籍

1. 河合隼雄（監修）（1991）．臨床心理学2 アセスメント 創元社
2. 森田美弥子・金子一史（編）（2014）．心の専門家養成講座1 臨床心理学実践の基礎 その1─基本姿勢からインテーク面接まで ナカニシヤ出版
3. マクゴールドリック，M. 石川 元 他（訳）（2009）．ジェノグラム（家系図）の臨床 ミネルヴァ書房
4. 森 則夫・杉山登志郎・岩田泰秀（編著）（2014）．臨床家のための DSM-5 虎の巻 日本評論社

第 3 章

臨床心理アセスメントの方法

ー心理検査ー

1　心理検査の歴史

　米国やヨーロッパで，心理学が臨床的な仕事に貢献したのは，第一に心理検査によるところが大きい。フロイト（Freud, S.）の精神分析を基盤とする精神療法や心理療法は精神科医（医師）が中心となって発展させてきた。またパーソンズ（Parsons, F.）が提唱した職業指導運動に源を発するといわれるカウンセリングは，教育者の仕事であったともいえる。精神科医が対象とした神経症患者や教育場面における子どもたちの知的な資質を測定するのに，心理学を基礎とした知能検査や質問紙法や投映法が次々に考案された。心理検査が臨床心理学のなかの大きな流れの一つをつくってきた歴史がある。

2　知能のアセスメント

[1]　知能検査の歴史

（1）知能検査の開発と発展

　19世紀後半，心理学における数量的・実験的研究方法が開発され，それを背景として個人差の研究や知能測定法の基礎がつくられていった。フランスのビネー（Binet, A.）は，当時の政府の教育委員会から，知的障害（精神遅滞）児と正常児を弁別するための方法を作成することを依頼され，友人の医師シモン（Simon, T.）の協力を得て，1905年にビネー・シモン知能検査を発表し，1908年，1911年と改訂していった。検査内容は複数の問題から構成され，やさしい問題から難しい問題順に配列されているなど，現代知能検査の基礎となった。また1908年には，精神年齢（Mental Age：MA）の概念を導入した。精神年齢という概念によって，知能検査は，判別のための検査から知能を測定する検査へと，質的に変化した。これにより，ビネー式検査は各国に広まり，特に米国では盛んに研究された。なかでも，生活年齢と精神年齢の比＝知能指数（IQ）を提唱したシュテルン（Stern, W.）の考えに基づいて，検査を大規模に行ったスタンフォード大学のターマン（Terman, L. M.）は，1,400名の児童を対象に標準化を行った。

　一方米国が第一次世界大戦に参戦すると，軍当局から「軍人の能力を測るた

表 3-1　心理検査の歴史　個人差心理学の発展　19 世紀末〜 20 世紀

知能の測定	パーソナリティの測定 （質問紙法）	パーソナリティの測定 （投映法）
ビネー式知能検査（1905） 　精神年齢（MA：mental age）の概念 　　　　　　　↓ スタンフォード・ビネー式知能検査：ターマンの改訂版（1916） 　知能指数 IQ の導入　シュテルン スタンフォード・ビネーⅣ：精神年齢の廃止　因子構造モデルの採用（1986） 日本における改訂版： 　鈴木ビネー式（1926） 　田中ビネー式（1947） 　　　　　　→田中ビネーⅤ：2005 **ウェクスラー式知能検査（1939）** 　言語性検査（VIQ）と動作性検査（PIQ） 　偏差知能指数（deviation IQ） 　　　　　　　↓ 4 つの指標〔言語理解・知覚推理・ワーキングメモリー・処理速度〕と合成点 WAIS-Ⅳ：成人用 16 歳〜 90 歳 11 ヶ月 WISC-Ⅳ：児童用 5 歳〜 16 歳 11 ヶ月 WPPSI-Ⅲ：幼児用 2 歳 6 ヶ月〜 7 歳 3 ヶ月 WMS-R：記銘力・記憶の側面 **知能の個人内差の測定** **ITPA**：イリノイ大学のカーク（1961 原版） 　発達の「個人内差」に着目 　子供の言語学習能力を測定 　3 歳 0 ヶ月〜 9 歳 11 ヶ月 **K-ABC**：カウフマン夫妻が開発（1983） 　認知心理学や神経心理学の理論 　知能を情報処理の過程としてとらえる 　KABC-Ⅱ　2 歳 6 ヶ月〜 18 歳 11 ヶ月	**ウッドワースの質問紙法** 　第一次世界大戦時，兵士のスクリーニング **MMPI（1943）** 　ハサウェイとマッキンリイ 　550 項目　妥当性尺度 **ギルフォード人格目録** 　ギルフォード（1940 年代） 　　　　　　　↓ 　日本版　Y-G 性格検査 　矢田部達郎 **16PF（1949）** 　キャッテル 　人格の特性論 　　　　　　　↓ 　Big Five モデル **MPI（1959）** 　アイゼンク 　人格の特性論 　二因子：外向性と神経症傾向 **EPPS（1954）** 　エドワーズ 　15 の性格特性 　社会的望ましさの除去	**言語連想検査法** 　ユング（1903） 　ケントとロザノフ（1910） **ロールシャッハ法（1921）** 　精神診断学 **TAT（1943）** 　マレー **CAT（1949）** 　ベラック 　子どものための TAT **P−F スタディ（1945）** 　ローゼンツァイク 　欲求不満に対する反応 **バウムテスト（1949）** 　コッホ

めの鑑別方法」を依頼されたヤーキーズ（Yerkes, R. M.）は，陸軍アルファ
α式やベータβ式と呼ばれる集団式知能検査を開発した。その後，スタンフォー
ド・ビネー式知能検査に対する批判から，ニューヨーク大学付属ベルビュー病
院のウェクスラー（Wechsler, D.）によって1939年ウェクスラー・ベルビュー
成人知能検査が公表された。ウェクスラーは「知能とは，個人が目的的に行動
し，合理的に思考し，かつ効果的に自身をとりまく外界環境を処理する個々の
能力の集合的能力」と定義し，10〜11種の異なる能力の項目別評価を言語
性検査と動作性検査にまとめ，その総合評価によって，知能の構造的特徴を明
らかにしようとした。1949年には5〜15歳の児童を対象としたウェクスラー
児童用知能検査（Wechsler Intelligence Scale for Children: WISC）を発表し，
4〜6歳半までを対象とした就学前幼児知能検査（Wechsler Preschool and
Primary Scale of Intelligence：WPPSI）を公刊した。また1945年には多面的
に記憶の側面を測定する検査としてWechsler Memory Scale（WMS）が作成
された。ビネー式が精神年齢（MA）という概念を想定している一方，ウェク
スラー式は「偏差知能指数」を導入した。特に成人の場合，IQの分布の分散
は同一年齢集団ごとに異なるため，受検者の帰属する同一年齢集団の平均値か
らのずれ（偏差）でIQ（DIQ）を算出した。

(2) 知能の個人内差

　それまでのビネー式やウェクスラー式の知能検査は，その総得点から子ども
の知的能力の全体的な発達水準を知るには高い信頼性をもっていた。しかし一
人ひとりの能力の特徴を分析するには限界があり，発達に部分的な遅れをもつ
子どもに対する，客観的な能力の分析に基づいた指導としては無力であった。
こうした要望に応えるため，イリノイ大学のカーク（Kirk, S. A.）らは，学習
障害児（LD : learning disability）の診断テストとしてITPAを開発し，言語
学習能力の「個人内差」に着目して，個々の能力の特徴に応じた治療教育に
生かそうとした。現在は，ウェクスラー式も個人内差の把握に対応するため
WISC-ⅣやWAIS-Ⅳでは，言語性IQや動作性IQは廃止され，「指標」「合成
得点」という考え方を取り入れた改訂が行われている。

キャッテル　Cattell, James Mckeen（1860-1944）
アメリカの心理学者。ヴントの弟子で、その助手。ダーウィンの従弟であるゴールトンの影響を受け、反応時間の個人差の研究を行った。1887年ペンシルベニア大学に招かれ心理学の実験室をつくり、世界ではじめて心理学で教授になった。1890年論文の中で「mental test」という言葉を導入し、90年代のメンタルテスト運動を促進した。反応時間や感覚の鋭さに関する運動感覚テストは、高次の知能を弁別するものではなかったため、1905年ビネーの知能尺度が取って代わった。

ビネー　Binet, Alfred（1857-1911）
フランスの心理学者。ニースに生まれる。1889年パリ大学に心理学実験所を創設し、その所長となった。当初は生理心理学や実験心理学の研究が主であったが、次第に思考や知能の個人差の研究に関心が移った。1905年、フランス公教育省の依嘱によりシモンとともに、精神遅滞児の検出法を作成する。これが世界で最初の知能検査である。その後1908年に改訂して、知能年齢によって精神発達を表示する尺度とし、さらに11年の改訂により3歳から15歳までの尺度が完成した。

ウェクスラー　Wechsler, David（1896-1981）
ルーマニア生まれで、アメリカの心理学者。ニューヨーク大学付属ベルヴュー病院の主任心理学者として長く臨床に携わる。彼の業績は、知能に関する考え方とそれを基礎にした知能検査の開発である。1939年ウェクスラー・ベルビュー知能尺度を発表した。これは、尺度を言語性と動作性で構成し、偏差知能指数を導入するなど画期的なものであった。その後多くの国で標準化され、多くの改訂版が出されている。個人の知能を臨床的にとらえるのに有用である。

(3) 近年の動向

　近年の知能研究の大きな動向として，認知心理学の影響のもとに，知能を情報処理の過程としてとらえていこうとする立場がある。1993年，カウフマン夫妻（Kaufman, A. S., & Kaufman, N. L.）は，認知心理学や神経心理学の理論に基づき，「継次処理」と「同時処理」2つの尺度からなるK-ABCを発行した。ダスとナグリエリ（Das, J. P., & Naglieri, J. A.）は，ロシアの神経心理学者ルリア（Luria, A. R.）の脳理論を基礎として，PASSモデルといわれる新しいタイプの知能検査DN-CAS認知評価システムを1997年に作成した。これは「継次処理」「同時処理」「プランニング」「注意」の4尺度から構成されている。

　2000年以降にはCHC理論（Cattell-Horn-Carroll Theory）が知能理論におけるスタンダードとなり，知能検査や認知能力検査はCHC理論に準拠することが求められ，多くの検査に影響を及ぼしている。心理学的観点のみならず，教育的観点からのアセスメントを同時に行うことにより，一人ひとりの子どもに適した教育的支援の方向性をアセスメントすることが目的となっている。

[2] 知能の構造

　知能検査の歴史とは別に，知能とはなにか，という知能研究の流れがある。

(1) 知能の因子説

　知能はいくつかの因子や種類からなると考え，その構造を明らかにしようとする。英国のスピアマン（Spearman, C. E.）は，一般知能因子（g）と特殊知能因子（s）の2因子説を提唱した。米国のサーストン（Thurstone, L. L.）は言語能力因子・言語流暢さ因子・記憶因子・数の因子・空間の因子・知覚の因子・推理の因子の7因子を基本的精神能力と考える多因子説に大きな影響力をもった。さらにキャッテルとホーン（Cattell, R. B., & Horn, J. L.）は一般知能因子の構成要素を，結晶性知能と流動性知能に分けている。

(2) 知能の構造モデル

　ギルフォード（Guilford, J. P.）は知能を情報処理過程の観点からとらえ，情報の種類・その操作・所産のそれぞれによって働く知能が異なるとして，三次

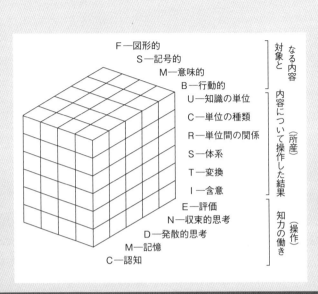

図 3-1　知能の構造モデル（Guilford, 1959）

図 3-2　知的機能の PASS モデル（Das et al., 1994）

元の知能構造モデル（立体模型）を提唱した（図 3-1）。

(3) 知能の認知プロセス

　ダスは知能を能力の構成概念ととらえるのではなく，認知プロセスの視点からとらえ（PASS モデル），能力の水準とそのプロセスから治療や訓練のプログラムを作成することができるとした（図 3-2）。

[3] 知能を表す

　知能の発達または能力の指標として，以下のようなものがある。

(1) 精神年齢（MA：mental age）

　ビネー（Binet, A.）が作成した知能検査においてはじめて使用された。ある集団の年齢別の標準知能を利用して知能の程度を表す方法で，受検者の発達の程度を示す指標。生活年齢（CA：chronological age）の集団の過半数（50%〜75%程度）が合格するような問題をその年齢級の標準問題とし，達した標準問題の年齢級をその人の精神年齢とする。

(2) 知能指数（IQ：intelligence quotient）

　精神年齢を一定の指数で表したもの。知能指数の考え方自体はシュテルンによるが，スタンフォード・ビネー式知能検査の改訂者であるターマンが，1916年に IQ を算出する公式を提案した。

$$IQ = \frac{MA}{CA} \times 100$$

　（MA：精神年齢，CA：生活（暦）年齢）

(3) 知能偏差値（ISS：intelligence standard score）

　知能のレベルを，多数の人間の平均からの隔たりによって示す方法。マッコール（McCall, W. A.）によって提唱された。偏差値と発想は同じで，知能検査によって測定された知能得点を，その個人が属する年齢集団のなかに占める相対的な位置によって表現する方法。通常，平均 50，標準偏差 10 の T 得点の形

で示される。

$$\text{ISS} = \frac{10\,(\text{X} - \text{M})}{\text{SD}} + 50$$

（X：個人の得点，M：その集団の平均値，SD：標準偏差値）

（4）偏差知能指数（DIQ：deviation IQ）

　ウェクスラー式知能検査では，平均が100になるように修正し，正規分布曲線に基づく標準偏差を用いて算出している。

$$\text{DIQ} = \frac{15\,(\text{X} - \text{M})}{\text{SD}} + 100$$

（X：個人の得点，M：同一年齢集団の平均値，SD：標準偏差値）

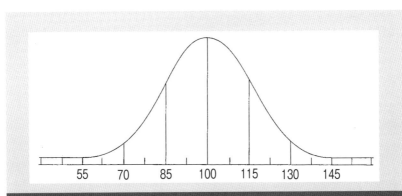

図 3-3　正規分布図（偏差知能指数）

標準偏差
バラツキの程度を表した単位。低ければ低いほどバラツキは小さく，大きければ大きいほどバラツキは大きい。

T 得点
平均50，標準偏差10の正規分布に近似するように変換して求められた得点。
T 得点をみることにより，その集団の相対的位置が把握できる。

3　パーソナリティのアセスメント

　人は同じ状況であっても個人的な差異を示すが，パーソナリティ心理学とは性格，パーソナリティという概念によって，このような個人差を理解し説明しようとする学問である。パーソナリティ心理学の歴史のなかで，米国ではpersonality「人格」と訳される言葉が使われ，その語源はラテン語のペルソナ（persona）からきている。ペルソナとは，演劇に用いる仮面であり，劇中で演じる役割，外見的な人がら，人の人生で演じる役割などの意味をもつところから，人の内的な性質を表すようになったといわれる。一方，ヨーロッパでは，character「性格」と訳される言葉がよく使われ，その元となったギリシャ語には「刻み込まれたもの，彫りつけられたもの」という意味があった。両者の明確な区別は難しいし，同じような意味で使われることもある。パーソナリティの定義はオルポート（Allport, G. W.），キャッテル（Cattell, R. B.）などが代表的なものであるが，研究者によってもさまざまである。また生得的・遺伝的情動的側面について，これを気質（temperament）と呼ぶこともある。

[1] パーソナリティの記述

　パーソナリティ心理学において，大きく2種類の記述の仕方がある。

(1) 類 型 論

　類型とは，多様なパーソナリティのなかに一定の理論や基準に基づいて，典型的なパーソナリティ像や性格像を記述しようとすることである。パーソナリティを統一的，全体的にとらえ，ある個人の全体像を容易に思い浮かべることができるようにする。統計的手法よりも，個々の典型的な事例を重視する。ユング（Jung, C. G.）の提唱した内向型・外向型や，クレッチマー（Kretschmer, E.）の気質（分裂気質・躁うつ気質・てんかん気質）類型論，シュプランガー（Spranger, E.）の価値類型などが代表的なものである。主としてドイツやフランスの性格学や人間学に基礎を置く。

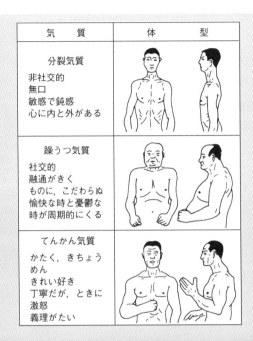

図 3-4 類型論（Kretschmer, 1955／相場訳, 1955）

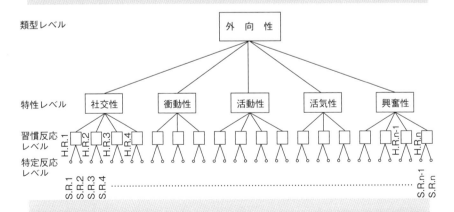

図 3-5 特性論（Eysenck, 1977／塩見・岸本訳, 1982）

(2) 特 性 論

　特性とは，パーソナリティの基本単位であり，一定の仕方で行動する傾向を
いう。個人差は程度の差と考えられ，質的な差とはみなさないため，特性のそ
れぞれを量的に測定し，その組み合わせによりパーソナリティを記述しようと
する。一般的には因子分析のように統計的手法を用いて，パーソナリティを構
成している特性を導きだす。個人がどの特性をどの程度もっているかを測定す
るのは，性格検査や行動観察によってなされる。

　性格特性（personality trait）という言葉をはじめて使ったのはオールポー
ト（Allport, G. W.）であり，特性論として有名なものに，キャッテルの 12 の
根源特性やアイゼンク（Eysenck, H. J.）の 2 つの基本因子（内向性－外向性
の因子，神経症的傾向の因子）がある。アイゼンクはパーソナリティを階層構
造（特定反応レベル，習慣反応レベル，特性レベル，類型レベル）としてとらえ，
図 3-5 に示すように外向性という類型レベルは社交性，衝動性，活動性，活気
性，興奮性などの特性からなるとした。

(3) 5 つの特性因子

　近年ではビッグ・ファイブ（Big Five）という，5 つの特性因子によりパー
ソナリティを包括的に理解しようとする理論モデルが盛んになっている。米
国のゴールドバーグ（Goldberg, L.）を中心に提唱されたものは，語彙仮説と
統計処理で導かれたモデルである。またコスタ（Costa, Jr., P. T.）とマクレー
（McCrae, R. R.）らは，理論的アプローチと階層構造のモデルを提唱した。そ
れぞれの因子は英語名の頭文字（N・E・O・A・C）で示す。表 3-2 に，各研
究者が開発した質問紙（尺度）とその因子名，表 3-3 に各因子に対応する代表
的な質問例を示す。今日の質問紙法によるパーソナリティ検査の多くは，この
ような特性論的観点から構成され，主としてイギリスや米国で発展してきた。

[2] パーソナリティ理解の方法

　パーソナリティを理解する視点として，大きく法則定立的アプローチと個性
記述的アプローチがある。法則定立的アプローチは，科学的かつ実証的に人間
の学習や知覚や動機などの一般法則を発見し，パーソナリティの構造や機能を

表 3-2　5 因子モデル（土瀬，2004）

	NEO-PI-R	Big Five 尺度	FFPQ
作者	コスタとマクレー	和田	辻ほか
項目数	240 項目	60 項目	150 項目
因子名	神経症傾向（N） 外向性（E） 開放性（O） 調和性（A） 誠実性（C）	情緒不安定性 外向性 開放性 調和性 誠実性	情動性 外向性 遊戯性 愛着性 統制性

表 3-3　Big Five 尺度の質問例（和田，1996 を改変）

	因子名	質問例
第 1 因子	情緒不安定性　N Neuroticism	悩みがち 不安になりやすい ＊くよくよしない
第 2 因子	外向性　E Extraversion	話し好きな 陽気な ＊無愛想な
第 3 因子	開放性　O Openness Openness to Experience	独創的 進歩的 呑み込みの速い
第 4 因子	調和性　A Agreeableness	温和な 良心的な ＊短気
第 5 因子	誠実性　C Conscientiousness	勤勉な 几帳面な ＊いい加減な

（＊は逆転項目）

明らかにしようとする立場である。パーソナリティ研究として、行動主義的・精神分析的・人間学的立場や方法がある。一方、個性記述的アプローチは、特定の人間一人ひとりの理解に焦点を合わせ、複数の視点といくつかの方法を組み合わせて、個人のパーソナリティ特徴を総合的に理解しようとする立場である。古くは、芸術や伝記や歴史の領域と考えられてきた。しかし臨床心理学を支えてきた臨床的態度とは、特定の人間の問題やその独自性に関心を向けて援助してきた実践的行為である。したがって、臨床心理アセスメントを通して人間を理解しようとするとき、個性記述的視点に重きを置き、クライエントや問題をもつ人を総合的に理解しようとする姿勢が大きい。

4　心理検査の実践

[1]　心理検査の目的と実施

　心理検査とは、一定の刺激を提示し、それに対する反応や回答をもとにその人の心理的特性を測定しようとする手法である。検査には知能検査からパーソナリティ検査などさまざまなものがあり、医療保健・教育・発達相談・司法矯正・高齢者の福祉・産業メンタルヘルスなど分野によって、何を測定しようとするのかその目的によって使われる検査は違ってくる。

　どんな検査であれ、検査というからには受検者に負荷をかけストレスを与えるものである。不要な負荷をかけないためにも、検査の目的を明確にして、目的にあった道具（心理検査）を選択しなければならない。そのためには多くの心理検査のなかから目的にかなう妥当な心理検査を選択できるよう、検査に対する知識と情報を十分に習得している必要がある。また一つの心理検査を使って理解できるのはその人の一面に限られている。それぞれの心理検査の短所を補い、長所を生かして総合的な理解を得るために、複数の検査を組み合わせて（テストバッテリー）用いることも重要である。心理検査（臨床心理アセスメント）の最終的な目的は、クライエント（患者または受検者）のためになる、ということである。表3-4には「クライエントのための検査として」、検査者が留意するべきことを挙げる。

鑑別診断の補助，病態水準の把握
パーソナリティ特徴の理解
知的機能の評価，発達のレベルや知的能力
さまざまな心理機能の評価
治療効果の評価
漠然とであるが，患者への対応が難しい場合

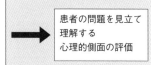

患者の問題を見立て
理解する
心理的側面の評価

図 3-6　心理検査が依頼されるとき（沼，2014）

表 3-4　心理検査の留意点―クライエントのための検査として―

1. クライエントの悩みや病的部分の把握だけでなく，もっている健康な能力や資質も理解するようにする。

2. クライエントの特徴をばらばらに列記するのではなく，得られた結果や情報を多次元的に組み立て，その人がどのような人なのかを描き出せるようにする。

3. クライエントの自己理解・発達促進・援助や治療に役立つという視点に立つ。

4. 検査結果から，援助方針や具体的対応の示唆を導き出せるようにする。

5. 検査結果は，クライエント自身と彼らを援助する人々（医療であれば，医師・看護師・その他のスタッフ）に有益となるように用いられる。

6. 守秘義務を十分守る。

[2] 解釈とフィードバック

　心理検査の解釈においては，多水準のデータを整理分析し，パーソナリティを総合的に記述することになる。解釈途中では，記号や数字に置き換えられることもあるが，その記号や数字を十分に咀嚼して，再び検査時のクライエントの言葉や行動に戻ることが大事である。心理検査だけがアセスメントなのではなく，検査場面，そこでの患者の行動や様子，検査後の話し合い，そうしたものすべてがアセスメントの一端である。また検査という場を通してみえてくるクライエントと検査者の相互関係は，患者の対人特徴を象徴的に表している場合も多い。「その人の姿が浮かびあがってくるような解釈をする」ことが大事である。またテストバッテリーの場合，各テストのデータ間にみられる矛盾や不一致に振り回されないために，検査者自身が何を基盤にアセスメントしているのかという姿勢がより重要になってくる。また検査結果について過信することを慎み，その結果をレッテル貼りするような行為は断じてされるべきではない。

　フィードバックにあたっては，クライエントの役に立つということが一番である。クライエントの自己理解と治療意欲を高めることに役立つということである。ということは，クライエントにわかりやすい言葉で伝え，クライエントの疑問や質問にも答えられるようにすることが重要である。解釈ではいろいろわかることがあっても，伝えるのに一番重要なことを1，2点と，検査者が疑問に思ったこと1点ぐらいに絞ったほうがいい。今，一番重要だと思われることを中心に話を深め，クライエントと問題を共有できるほうが，情報だけをたくさん伝達するよりもはるかに意味がある。検査依頼者に対する報告書も，できるだけ心理学特有の専門用語や検査用語は使わないで作成するようにする。

5　各種心理検査の概要

　心理検査は，多種多様である。以下それぞれの視点から，心理検査の種類と内容を考えてみる。

[1] 心理検査の種類

表3-5に示した臨床心理検査一覧表は，臨床心理学を学ぶものが理解しておかなければならない重要な心理検査を，検査の目的別に分類したものである。

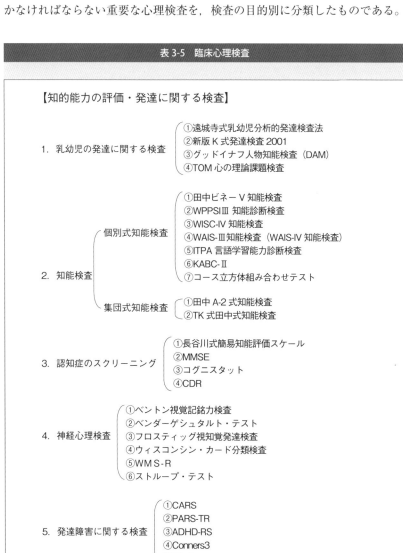

| 表 3-5　臨床心理検査 |

【知的能力の評価・発達に関する検査】

1. 乳幼児の発達に関する検査
   - ①遠城寺式乳幼児分析的発達検査法
   - ②新版 K 式発達検査 2001
   - ③グッドイナフ人物知能検査（DAM）
   - ④TOM 心の理論課題検査

2. 知能検査
   - 個別式知能検査
     - ①田中ビネー V 知能検査
     - ②WPPSIⅢ 知能診断検査
     - ③WISC-IV 知能検査
     - ④WAIS-Ⅲ知能検査（WAIS-IV 知能検査）
     - ⑤ITPA 言語学習能力診断検査
     - ⑥KABC-Ⅱ
     - ⑦コース立方体組み合わせテスト
   - 集団式知能検査
     - ①田中 A-2 式知能検査
     - ②TK 式田中式知能検査

3. 認知症のスクリーニング
   - ①長谷川式簡易知能評価スケール
   - ②MMSE
   - ③コグニスタット
   - ④CDR

4. 神経心理検査
   - ①ベントン視覚記銘力検査
   - ②ベンダーゲシュタルト・テスト
   - ③フロスティッグ視知覚発達検査
   - ④ウィスコンシン・カード分類検査
   - ⑤WMS-R
   - ⑥ストループ・テスト

5. 発達障害に関する検査
   - ①CARS
   - ②PARS-TR
   - ③ADHD-RS
   - ④Conners3
   - ⑤AQ-J

表 3-5　臨床心理検査（つづき）

【パーソナリティ検査】

1. 質問紙法 1
   - ①矢田部ギルフォード性格検査（YG）
   - ②MMPI 性格検査
   - ③モーズレイ性格検査（MPI）
   - ④16PF 人格検査
   - ⑤東大式エゴグラム（新版 TEG Ⅱ）

2. 投映法
   - ①ロールシャッハ・テスト
   - ②文章完成テスト（SCT）
   - ③絵画統覚検査（TAT, CAT）
   - ④P-F スタディ
   - ⑤ソンディ・テスト
   - ⑥描画法
     - ⅰ 人物画，家族画
     - ⅱ バウムテスト
     - ⅲ その他の描画法
       　　HTP テスト，風景構成法
   - ⑦コラージュ法

3. 作業法　①内田クレペリン精神検査

【状態や症状のアセスメント】

質問紙法 2
   - ⑥CMI 健康調査表
   - ⑦日本版 GHQ 精神健康調査票
   - ⑧SDS うつ性自己評価尺度
   - ⑨ベック抑うつ質問票（日本版 BDI-Ⅱ）
   - ⑩MAS 不安尺度
   - ⑪日本版 STAI
   - ⑫POMS2

【その他の検査】
   - ①S-M 社会生活能力検査
   - ②親子関係診断検査
   - ③SDS 職業適性自己診断テスト

[2] 心理検査の活用（使用頻度）

　日本においては，どのような心理検査がどのぐらい使われているのだろうか。小川ら（2005）は，日本の臨床心理士を対象に，日常よく使用する心理検査の調査を，1986 年から継続的に行っている。表 3-6 に示すように，順位に変動はあっても使用頻度のトップ 3 は変わらない。バウムテスト，SCT，ロールシャッハ・テストと，投映法の検査が上位にきている。バウムテスト，HTP，風景構成法，DAP と描画法が多く使用されているのも特徴である。特に風景構成法は精神科医中井久夫（1970）によって開発され，その後臨床心理学の発展とともに，使用頻度が高くなった検査である。また「心理臨床を学ぶ者が最低限習得すべき心理検査」の調査（表 3-7）でも，ロールシャッハ・テスト，知能検査（WISC・WAIS），バウムテストとなっており，投映法の順位が高い。

表 3-6　心理臨床における各種心理テスト採用頻度（小川ら，2005）

| 調査年度 | 2004 年 | | | | | | | 1997 年 | 1986 年 |
心理検査名	常に	頻繁に	適度に	稀に	使用せず	N	順位	順位	順位
バウムテスト	16%	32%	24%	14%	15%	95	1	1	3
SCT	17	22	26	12	23	94	2	3	2
ロールシャッハ	19	21	20	21	19	95	3	2	1
TEG	10	15	32	11	32	91	4	-	-
WAIS	14	18	18	11	40	94	5	7	4
HTP	9	17	26	22	28	90	5	5	8
WISC	14	17	19	12	39	95	7	8	7
風景構成法	1	17	26	19	37	91	8	13	-
YG	2	12	28	32	27	94	9	4	6
ビネー式知能検査	10	9	19	17	45	93	10	6	5
DAP	3	12	21	17	47	91	11	10	12
PF スタディ	4	14	15	23	44	92	12	9	9

　一方，1985年と古いが，米国での同様な調査では，ウェクスラー式知能検査，MMPI，ベンダーゲシュタルトテストなどが上位にあがっている。心理検査に対する日米のこの違いは，それぞれの国において，臨床心理士に求められる役割や立場の違いを反映している可能性がある。最近の心理アセスメントの傾向として，医療分野ではDSM診断基準の普及により，症状や重症度のアセスメントに関連する尺度の開発が多くなり，教育分野でも発達障害のアセスメントに関連して新しい個別知能検査の標準化が積極的に行われている。

表 3-7　心理臨床家が習得すべき心理テスト（小川ら，2005）

順位	投映法 (N=90)	質問紙法 (N=86)	神経心理学的検査 (N=24)	全体 (N=78)
1	ロールシャッハ　98%	YG　67%	WAIS　46%	ロールシャッハ　77%
2	バウム　50%	MMPI　63%	BGT　42%	WAIS・WISC　63%
3	TAT　31%	TEG　62%	ベントン　29%	バウム　28%

● 理解を深めるための参考書籍 ───────────────
1. 二宮克美・子安増生（2006）. キーワードコレクション　パーソナリティ心理学　新曜社
2. 小塩真司（2010）. はじめて学ぶ　パーソナリティ心理学　ミネルヴァ書房
3. 詫摩武俊・鈴木乙史・清水弘司・松井　豊（編）（2000）. シリーズ・人間と性格　第6巻　性格の測定と評価　ブレーン出版
4. 高橋依子・津川律子（編著）（2015）. 臨床心理検査バッテリーの実際　遠見書房

第 4 章

知的能力や発達に関するアセスメント

1　知的能力の検査

[1] ビネー式知能検査

　1905年フランスのビネー（Binet, A.）は，友人の医師シモン（Simon, T.）の協力を得て，30項目からなる知的能力の評価尺度ビネー・シモン知能尺度を発表した。やさしい問題から難しい問題順に配列されているなど，現代知能検査の基礎となった。また1908年改訂版では，質問項目を54項目に増やし，精神年齢（Mental Age：MA）の概念を導入した。この精神年齢という概念によって，知能検査は，判別のための検査から知能を測定する検査へと質的に変化し，ビネー式検査は各国に広まっていった。特に米国では，生活年齢と精神年齢の比＝知能指数（IQ）を提唱したシュテルン（Stern, W.）の考えに基づいて，検査の標準化を大規模に行ったターマン（Terman, L. M.）の業績は大きい。1916年，1,400名の児童を対象に標準化を行ったターマンのスタンフォード・ビネー版は，その後の知能検査批判の嵐のなかにあっても，1937年，1960年と改訂が行われ，現在も広く用いられている。1960年改訂版からは，比例による知能指数（IQ）を踏襲しながらも偏差知能指数（DIQ）も算出できるようになった。

　日本では，すでに1908年に三宅鑛一により1905年のビネー式知能検査が紹介されたが，鈴木治太郎と田中寛一の改訂版が有名である。鈴木は，1926年スタンフォード・ビネー改訂版をもとに鈴木ビネー式知能検査1956年版を出して以来しばらくそのままとなっていたが，2007年改訂版鈴木ビネー検査（2歳〜16歳に適用72問）が刊行された。田中は，新スタンフォード改訂版をもとに1947年田中ビネー式智能検査法を作成，何度も改訂を繰り返し，1987年に全訂版，2003年に田中ビネーⅤ（1歳〜成人に適用109問）が出され，現在も広く使用されている。

(1) ビネー式知能検査の特徴

　ビネーは，知能は個々の能力の寄せ集めではなく，一つの統一体として存在するものとして考えていた。知能は要素に分析できるものでなく，包括的な能力＝一般知能と考えた。知能の本質的な機能として，①方向付け（一定の方向

表4-1　田中ビネーV　7歳級の問題内容（田中教育研究所）

番号	合	否	問題 使用用具（時間）	合格基準	正答数	内容および記録
55			関係類推	3/3		①魚は水の中を泳ぐ，飛行機は ②帽子は頭にかぶる，靴下は ③笛は口で吹く，ピアノは
56			記憶によるひもとおし （制限時間：各2分） ひもとおしセット ストップウォッチ	1/2		［提示各5秒］ ①　□□○□○□□　　　分　　秒 ②　□○□○□□□　　　分　　秒
57			共通点（A）	2/3		①太陽と月 ②はちとすずめ ③パンといちご
58			数の比較　★53 （制限時間：各1分） ［①②ともに誤答であったら，③ ④を実施する必要はない］ カード1（P10.11） ストップウォッチ	4/4		①（　　）匹　　　　　　　　　秒 ②（　　）色が（　　）本多い　秒 ③（　　）匹（　　）色　　　　秒 ④（　　）が（　　）匹多い　　秒 ①10匹 ②赤（色）が2（本）③3（匹）， 黄（色）④蝶々が2（匹）
59			頭文字の同じ単語 （検査時間：各30秒） ストップウォッチ	各 2語 以上 合計 12語 以上		例示：か…かさ，柿，悲しい，軽い，帰る ①（　　）語/30秒　あ… ②（　　）語/30秒　さ… ③（　　）語/30秒　ま… ④（　　）語/30秒　や… 合計（　　）語
60			話の不合理（A）	1/2		①1人の男の人が… ②まさ子さんの家から…

をとり，持続しようとする），②目的性（目的の達成），③自己批判性（行動・反応の結果を吟味する）の三側面から成り立っているとした。その三側面は，いかなる課題を解決する際にも常に作用すると考え，それらが知的活動の際にどのように働くかを測定した。

　検査は，年齢尺度で構成されている。年齢に応じて問題が配され，特定の年齢に対応する問題をその年齢級と表現する。生活年齢 4 歳 0 ヶ月の子どもで，3 歳級以下の問題にすべて合格し，4 歳級以上の問題がすべてできないとなると，その子は 4 歳 0 ヶ月の精神年齢であり，生活年齢相応の精神発達をしていると考える。精神年齢とは，受検者の回答パターンがどの年齢級で典型的にみられるかを示す指標であり，子どもの知能の発達水準を示すものとして考えられた（表 4-3　事例 A を参照）。

(2) 田中ビネー知能検査Ⅴ　検査問題の概要

　ビネー式の問題内容は，種類や範囲が多岐にわたっていて，それがビネー式知能検査の一つの特徴でもある。それぞれの問題に特定の知能因子を反映させるのではなく，それらを解決するために必要とされる共通の能力としての知能を測定することが目的であった。

　1986 年に発刊されたスタンフォード・ビネー知能尺度第 4 版はビネー式の基本概念である年齢尺度や精神年齢がすべて廃止され因子構造モデルへと変更され，本来のビネー式から離れ現代の知能測定の要請に合わせている。一般的推論因子の下に，「結晶性知能」「流動性知能」「短期記憶」という 3 つの認知能力因子を設定している。

　しかし日本では 1987 年改訂版も年齢尺度を採用し，田中ビネーⅤでも 1987 年版をほぼ踏襲し，問題内容が時代に即して一部改定されただけである。ビネー式が子どもたちの発達をとらえる尺度として出発したことを考慮し，発達援助の手がかりを得るため，精神年齢の概念を残している。したがって，田中ビネーⅤでも，2 ～ 13 歳では従来どおり精神年齢（MA）と知能指数（IQ）を算出する。

　一方 14 歳以上（成人）に関しては，1987 年版では精神年齢（MA）と知能指数（IQ）を算出していたが，田中ビネーⅤでは MA を算出しないで偏差知能指数（DIQ）を算出することとなる。「結晶性領域」「流動性領域」「記憶領域」「論

表4-2　田中ビネーV　8歳級の問題内容（田中教育研究所）

番号	合	否	問題 使用用具（時間）	合格基準	正答数	内容および記録
61			短文の復唱（B）	1/2		（例）小さな子どもが，遊んでいます。 ①一郎は，長い橋を渡って，海の方へ行きました。 ②わたしと弟は，夕方，涼しくなってから，花火をしました。
62			語順の並べ換え（A） ［子どもが字を読めない場合（拾い読みも含む）には問題を実施する必要はない］ カード5（P1〜3）	3/3		①白い，来ました，犬を，わたしは，もらって ②います，こいが，泳いで，並んで，お池の ③通って，家，おそく，公園を，夜，に帰った
63			数的思考（A） 制限時間：各1分30秒 カード5（P4.5） ストップウォッチ	1/2		①1時30分から図書館で…　　　　分　　　秒 ②みどりさんがジュースを…　　　　分　　　秒 ①4時40分②4（杯）
64			短文作り	1/2		（例）赤い・咲いて・花 ①犬・大きい・馬 ②子ども・足・ころんで
65			垂直と水平の推理 テスティペーパー（P2.3） 鉛筆・赤鉛筆	1/2		①垂直　　　　右傾　　　　左傾 ②水平（例）　　右傾　　　　左傾
66			共通点（B）	1/2		①靴下，シャツ，てぶくろ ②りんご，あさがお，だいこん

理推理領域」の4因子にわたって，成人の知能を分析的に測定することになった。

田中ビネー知能検査V

1歳級〜3歳級：各年齢級に12問　計36問

4歳級〜13歳級：各年齢級に6問　計60問

成人級（4領域）：計13問

問題内容：表4-1と表4-2を参照

（3）検査の実施手順

1. 受検者の生活年齢と同じ年齢級の問題から開始する。

2. 年齢級のなかで1つでも合格できない問題がある場合には，下の年齢級の問題に移り，すべての問題に合格できる年齢級（この年齢に1歳加算したものを基底年齢という）まで行う。

3. すべての問題に合格できたら，上の年齢級に進み，すべての問題が不合格となる年齢級まで行う。

4. 生活年齢，精神年齢，知能指数を算出する。

　生活年齢（Chronological Age：CA）＝検査実施年月日−受検者の生年月日

　精神年齢（Mental Age：MA）＝基底年齢＋（基底年齢を定めた年齢級より上の合格問題数×加算月数）

　具体的な計算の仕方は表4-3を参照のこと。

$$知能指数（IQ）＝\frac{精神年齢（MA）}{生活年齢（CA）}×100$$

（4）ビネー式知能検査の応用範囲と限界

　ビネー式は，一般知能という考え方をし，知能が複数の下位概念から構成されるという考え方をとらないので，結果は単一で明快である。また細かく知能の構造を分析するという目的では作成されていないので，田中ビネーVではかなり工夫されているものの，分析的に考察することは控えめにしたほうがよい。

　知能指数は変動のない安定的な指標ではなく，年齢により変化し，変化のパターンには個人差があると指摘されている。そのため，幼児期・児童期では検

年齢級	番号	問題	合否
7歳級	55	関係類推	○
	56	記憶によるひもとおし	○
	57	共通点（A）	○
	58	数の比較	○
	59	頭文字の同じ単語	○
	60	話の不合理（A）	○
8歳級	61	短文の復唱（B）	○
	62	語順の並べ替え（A）	×
	63	数的思考（A）	○
	64	短文作り	○
	65	垂直と水平の推理	×
	66	共通点（B）	○
9歳級	67	絵の解釈（A）	×
	68	数的思考（B）	×
	69	差異点と共通点	×
	70	図形の記憶（A）	×
	71	話の不合理（B）	×
	72	単語の列挙	×

表 4-3　精神年齢を算出する　事例Aさん

事例Aさん（女児）：7歳6ヶ月
知能検査の結果（表4-3）
生活年齢（CA）=7歳6ヶ月（90ヶ月）
精神年齢（MA）=8歳8ヶ月（104ヶ月　基底年齢8歳）

$$知能指数（IQ）= \frac{104}{90} \times 100 = 116$$

査実施後 1 年以上，青年期では 2 年以上経つと，知能検査の結果は必ずしも信
頼できなくなるといわれている。

[2] ウェクスラー式知能検査

　ウェクスラー式知能検査はビネー式とともに，もっとも代表的でもっとも広
く用いられている知能検査法である。ニューヨーク大学付属ベルビュー病院の
ウェクスラー（Wechsler, D.）によって考案され，当時アメリカで広く利用さ
れていたスタンフォード・ビネー知能検査に対する批判から，1939 年にウェ
クスラー・ベルビュー成人知能検査として公表された。その後，適応年齢や検
査目的の違いにより，次の 4 種類の知能検査がウェクスラー式として作成され
た。

① Wechsler Adult Intelligence Scale：WAIS 成人知能検査
② Wechsler Intelligence Scale for Children：WISC 児童用知能検査
③ Wechsler Preschool and Primary Scale of Intelligence：WPPSI 就学前幼
　児知能検査
④ Wechsler Memory Scale：WMS 記憶検査

それぞれ，時代に合わせて標準化し改訂版が出されていった。日本において
も積極的に翻訳，標準化が進められ，日本版として刊行されている。各検査の
適用年齢などは表 4-4 参照。

　日本版：WISC（1953）→ WISC-R（1978）→ WISC-Ⅲ（1998）→ WISC-Ⅳ（2010）
　日本版：WAIS（1958）→ WAIS-R（1990）→ WAIS-Ⅲ（2006）→ WAIS-Ⅳ（2018）

（1）ウェクスラー式知能検査の特徴

　ウェクスラーは「知能とは，個人が目的的に行動し，合理的に思考し，かつ
効果的に自身をとりまく外界環境を処理する個々の能力の集合体的能力」と定
義し，10 ～ 11 種の異なる能力の項目別評価と，その総合評価によって，知能
の構造的特徴を明らかにしようとした。

　ビネー式が精神年齢（MA）という概念を想定している一方，ウェクスラー
式は偏差知能指数（DIQ）を導入した。特に成人の場合，IQ の分布の分散は
同一年齢集団ごとに異なるため，受検者の帰属する同一年齢集団の平均値から

表4-4　日本版ウェクスラー式知能検査の適用年齢

	適用年齢
日本版 WISC- Ⅳ	5 歳 0 ヶ月 – 16 歳 11 ヶ月
日本版 WAIS- Ⅳ	16 歳 – 90 歳 11 ヶ月
日本版 WPPSI- Ⅲ	2 歳 6 ヶ月 – 7 歳 3 ヶ月

WAIS-IV における合成得点

言語理解指標（VCI；Verbal Comprehension Index）　推理，理解，概念化を用いる言語能力

知覚推理指標（PRI；Perceptual Reasoning Index）　非言語的な推理能力と知覚統合

ワーキングメモリー指標（WMI；Working Memory Index）　同時処理と継次処理（ワーキングメモリー），注意，集中

処理速度指標（PSI；Processing Speed Index）　精神運動と書字運動の速度

全検査 IQ（FSIQ；Full Scale IQ）　全般的な認知能力

＊**一般知的能力指標**（GAI；General Ability Index）　ワーキングメモリーや処理速度の影響を受けにくい知的能力。FSIQ の代わりに用いることはできない。

のずれ（偏差）でIQを算出する。

(2) 検査内容・下位検査

　WAIS-Ⅳの下位項目は表4-5を，WISC-Ⅳの下位検査の内容は表4-6を参照のこと。

　伝統的にウェクスラー検査では，言語性IQ（Verbal IQ：VIQ）と動作性IQ（Performance IQ：PIQ）を算出し，そのうえで総合IQ（Full IQ：FIQ）を出していたが，WISC-ⅣやWAIS-Ⅳでは，言語性IQや動作性IQを廃止し，5つの合成得点（言語理解VCI，知覚推理PRI，ワーキングメモリーWMI，処理速度PSI，全検査IQ）を算出することになった。各指標や下位項目間のディスクレパンシーを比較しプロセスを分析することで，個人内差や認知特性のアセスメントができる。

表 4-5　WAIS-Ⅳ　検査項目

言語理解	類似
	単語
	知識
	理解*
知覚推理	積木模様
	行列推理
	パズル
	バランス*（16-69歳）
	絵の完成*
ワーキングメモリー	数唱
	算数
	語音整列*（16-69歳）
処理速度	記号探し
	符号
	絵の抹消*（16-69歳）

*は補助検査

表 4-6　WISC- Ⅳ　下位検査の内容

積木模様	積木でモデルと一緒の模様を作る
数唱	順唱と逆唱
符号	数字と対になった記号を書き写す
行列推理	空欄になっているところに当てはまるものを選ぶ
記号探し	同じ記号がグループの中にあるかどうか答える
絵の完成*	絵の中で欠けている重要な部分を答える
絵の抹消*	不規則に配置した様々な絵や，規則的に配置した様々な絵の中から，動物の絵を探し線を引く

*は補助検査

類似	2つの単語の共通概念を答える
絵の概念	複数組の絵の中から共通の特徴がある絵を選ぶ
単語	単語（言葉）の意味を答える
語音整列	一連の数字と仮名を一定の順に並び替える
理解	日常的な問題解決や社会的ルールについて答える
知識*	一般的な知識について答える
語の推理*	いくつかのヒントから共通する概念を答える
算数*	算数の問題を暗算で答える

*は補助検査

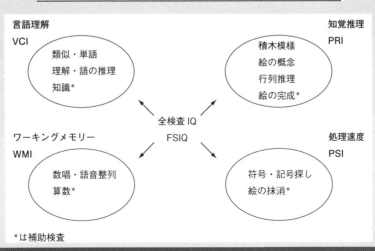

図 4-1　WISC- Ⅳの枠組み（「日本版 WISC- Ⅳ知能検査実施・採点マニュアル」日本文化科学社）

[3] K-ABC 心理・教育アセスメントバッテリー（Kaufman Assessment Battery for Children）

　1993 年，カウフマン夫妻（Kaufman, A. S., & Kaufman, N. L.）は，認知心理学やルリアの提唱した神経心理学の理論に基づき，心理学的観点のみならず，教育的観点からのアセスメントを同時に行うことにより，一人ひとりの子どもに適した教育的支援の方向性を示すことを目的として，K-ABC を発行した。子どもの認知レベルに即して習得度を達成できるよう検査結果を指導に生かすのである。2004 年には KABC-II として改訂が行われ，適応年齢が拡大され，2013 年には日本版 KABC-II が刊行された。

　KABC-II は，認知心理学と神経心理学的な枠組みを取り入れた従来のカウフマン理論（モデル）に，データを基盤とした心理測定学に基づく CHC 理論（モデル）を加え，この 2 つの理論を調和させているのが特徴である。時代に即して，この 2 つの異なったモデルから分析・解釈をすることになっている。

(1) 日本版 KABC-II

　欧米では，学習の障害を判断するのに，標準化されたいろいろな個別式学力検査がある。しかし日本では学力や習得度を判断する標準化された個別式検査がないため，日本版においては「読む・書く・計算する・推論する」といった学力や学習障害を測定できるように習得尺度を設定している。日本版 KABC-II の適応年齢は，2 歳 6 ヶ月から 18 歳 11 ヶ月である。

(2) 日本版 KABC-II　検査内容・下位検査

　検査道具としてイーゼル（画架）を用いるため取り扱いがわかりやすく実施しやすい。子どもの年齢に応じて実施する下位検査が異なり，子どもに負担がかかり過ぎないような設定がされている。カウフマンモデルでは，認知尺度は継次尺度・同時尺度・計画尺度・学習尺度の 4 尺度，習得尺度は語彙尺度・読み尺度・書き尺度・算数尺度の 4 尺度から構成されている（表 4-7）。CHC モデルでは，長期記憶と検索・短期記憶・視覚処理・流動性推理・結晶性能力・量的知識・読み書きの 7 尺度で構成されている（表 4-8）。

　各下位検査の粗点から，評価点（平均が 10，標準偏差 3），標準得点（平均

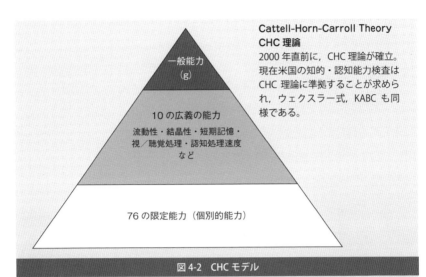

図4-2 CHC モデル

表4-7 日本版 KABC-Ⅱ 検査項目

	継次尺度	数唱 語の配列 手の動作
認知尺度	同時尺度	顔さがし 絵の統合 近道さがし 模様の構成
	計画尺度	物語の完成 パターン推理
	学習尺度	語の学習 語の学習遅延
習得尺度	語彙尺度	表現語彙 なぞなぞ 理解語彙
	読み尺度	ことばの読み 文の理解
	書き尺度	ことばの書き 文の構成
	算数尺度	数的推論 計算

が 100，標準偏差 15）を算出する。カウフマンモデルに基づき認知尺度と習得
度尺度それぞれについて，個人内差（intra-individual differences）における強
い下位検査（NS）と弱い下位検査（NW）を，個人間差における強い尺度（PS）
と弱い尺度（PW），各尺度間の比較をする。さらに CHC モデルにおいても，
7 つの尺度について比較を行う。

[4]　ITPA （Illinois Test of Psycholinguistic Abilities）

　イリノイ大学のカーク（Kirk, S. A.）を中心に学習障害児 LD の診断テスト
として開発された。子どもの知的能力を言語学習能力という側面から測定する
ための診断検査である。またカークは "Learning Disabilities" という用語の
生みの親でもある。オズグッド（Osgood, C. E.）のコミュニケーション論を下
敷きとして，発達の「個人内差（intra-individual differences）」に着目し，個々
の能力の特徴に応じた治療教育に生かせるようにと ITPA を開発した。1961
年実験版が作成されて以来，5 年間の臨床的研究を経て，1968 年に改訂版とし
て出版された。日本では，1968 年の改訂版をもとに，三木安正らにより 1973
年標準化が行われたが，あまり広く活用されなかった。その後子どもをとりま
く環境や社会も変化し，検査の妥当性を維持する目的で現代日本の文化に見
合った語彙や絵を用い，上野一彦らにより 1993 年改訂版が刊行された。適用
年齢は，3 歳 0 ヶ月〜9 歳 11 ヶ月であるが，精神年齢がそのレベルならば利
用が可能である。

(1)　ITPA の特徴

　「個人内差」の概念に基づく診断検査である（cf.　個人間差）。一人の子ども
がもっている多くの能力のなかから，順調に発達している面と，そうでない面
を見極め，個人にみられる成長の相違や発達の不均衡を知る。オズグッドのコ
ミュニケーション論をもとに，多少の変更を加えて理論的モデルを作成してい
る。コミュニケーションに関する言語学習能力を，回路・過程・水準の三次元
からなる構造で表す。

表 4-8 日本版 KABC-II における CHC の尺度

CHC 総合尺度	下位検査項目
長期記憶と検索 Glr	語の学習・語の学習遅延
短期記憶 Gsm	数唱・語の配列・手の動作
視覚処理 Gv	顔さがし・近道さがし・模様の構成
流動性推理 Gf	物語の完成・パターン推理
結晶性能力 Gc	表現語彙・なぞなぞ・理解語彙
量的知識 Gq	数的推論・計算
読み書き Grw	ことばの読み・ことばの書き・文の理解・文の構成

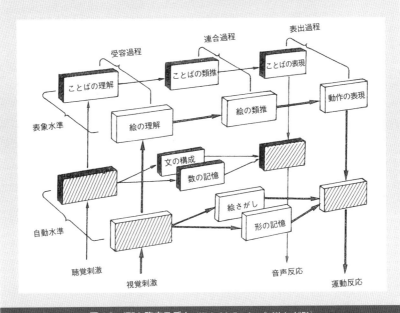

図 4-3 ITPA 臨床モデル (Kirk, McCarthy, & Kirk, 1971)

$\Biggl\{$ 聴覚－音声回路：聴覚を通して入ってきた刺激を受けとめ，言葉で表現する
通路。

視覚－運動回路：視覚を通して入ってきた刺激を受けとめ，身振りなどの動
作で表現する通路。

$\Biggl\{$ 受容過程：見たり聞いたりしたものを理解する。

連合過程：それを過去の記憶も含めて互いに関係づける。

表出過程：言葉や身振り動作で考えを表現する。

$\Biggl\{$ 表象水準：刺激や情報を意味のあるシンボルとして処理する複雑で高度な水
準。

自動水準：習慣によって組織化され結合されていて，複雑で高度な内的操作
をしなくても反応が自動的に行われる水準。

　そのそれぞれの機能を別個にとらえる下位検査を配置することで，個人内差
の測定を可能にした。

(2) 検査内容

　検査は三次元から構成される10の下位検査からなり，各下位検査の粗点は
換算表を使い，それぞれ，言語学習年齢（PLA），評価点（SS）を求める。評
価点SSは平均値が36で標準偏差が6に設定されている。各下位検査のSS（ま
たはPLA）値を記入しプロフィールを作成する。生活年齢CAが9歳未満で
あればSSを，9歳以上であればPLAの値を用いる。プロフィールのなかで，
各下位検査SSがその子どものSS平均よりも±6以内であれば能力間の優劣
はないとし，±10以上あれば能力はすぐれている（劣っている）と判定する。
PLAの場合は，2歳以上の差があれば，能力間の差があると判定する。

表象水準	受容過程	聴覚音声	言葉の理解	話し言葉のような聴覚的言語シンボルを理解する能力
		視覚運動	絵の理解	視覚的言語シンボルから意味を抽出する能力
	連合過程	聴覚音声	言葉の類推	話し言葉で提示された概念を関係づける能力
		視覚運動	絵の類推	視覚的に提示された概念を関係づける能力
	表出過程	聴覚音声	言葉の表現	話し言葉や音声によって概念を表現する能力
		視覚運動	動作の表現	動作によって考えを表現する能力
自動水準	構成能力	聴覚音声	文の構成	一部がよく聞きとれなくても，その部分を過去の言語経験から予測する能力
		視覚運動	絵さがし	視覚的に提示された不完全な部分から全体を予測する能力
	配列記憶能力	聴覚音声	数の記憶	聴覚的な短期間記憶能力
		視覚運動	形の記憶	視覚的な短期間記憶能力

表 4-9　ITPA 検査項目

[5] DN-CAS 認知評価システム

　神経心理学者ルリアの脳理論を基礎として，ダスとナグリエリによってまとめられた知能の PASS モデルとは，人間の認知機能の構成要素である処理過程は「プランニング」「同時処理」「継次処理」「注意」の4つの活動に基づいており，これを知能の基本単位と考えるものである。DN-CAS はこの4つを尺度として知能の認知処理過程を測定するため，1997 年に作成された。適用年齢は，5歳〜17歳である。

　①プランニング：問題解決の方法を決定し，選択し，適用し，評価する心的過程
　②注意：競合する複雑でさまざまな刺激に対する反応を抑制し，特定の刺激に選択的に注意を向ける心的過程
　③同時処理：分割された刺激を一つのまとまりや，グループにまとめる心的過程
　④継次処理：特定の系列順序でそれぞれの刺激を統合する心的過程

(1) DN-CAS の特徴

　個人の能力と認知機能の水準を測り，学習の強い面と弱い面の判断（個人内の処理の相対的レベル），同一年齢集団内における処理能力，学習特性（学習障害，ADHD，知的障害，英才）の分類，治療教育プログラムの適用に関する判断などに用いられる。

(2) 検査内容

　PASS 尺度（プランニング，注意，同時処理，継次処理）は 12 の下位検査で構成される。各下位検査の評価点は平均 10，標準偏差3であり，そこからPASS標準得点と全検査標準得点を求める（平均100, 標準偏差15）。標準実施（12下位検査）と簡易実施（8下位検査）がある。

表 4-9　DN-CAS　検査項目

プランニング尺度	数の対探し
	文字の変換
	系列つなぎ
注意尺度	表出の制御
	数字探し
	形と名前
同時処理尺度	図形の推理
	関係の推理
	図形の記憶
継次処理尺度	単語の記憶
	文の記憶
	発語の速さ（5-7 歳）
	統語の理解（8-17 歳）

2 乳幼児の発達に関する検査

　乳幼児の問題や障害は早期に発見することで，援助や介入がしやすい。そのためには乳幼児の精神発達を適切に把握することが大事であり，多くの発達検査が開発されてきた。特に乳幼児という発達初期の様相を通常の知能検査でとらえることは難しい。身体的側面，運動的側面，心理的側面，社会的側面などそれぞれの発達を総合的に把握しなければならない。

　発達理論にはさまざまなものがあるが，発達検査にもっとも大きな影響を与えたのは，ゲゼル（Gesell, A.）の理論である。彼はエール大学児童発達クリニックにおいて，数千人もの乳幼児の行動発達過程を，自然観察や両親の面接など多様な方法を用いて縦断的に記録し，発達の平均像を描き出した。彼によれば，発達は一定の順序で現れ，その順序は生物学的・進化的に規定されているが，発達の速さは，子ども個人の遺伝子によって決定されているとした。「行動は発達する。正常な行動は，それが発達するとき，それ特有の型を示す」（小嶋，1979）。

　多くの発達検査が考案されているが目的や実施方法によって，以下に分類できる。

　総合検査：運動・社会性・言語発達など諸側面の項目を年齢に応じて配列し
　　　　　　　発達年齢や発達指数を総合的に算出する。
　分析検査：発達をいくつかの側面に分類し，発達のプロフィールをもとに，
　　　　　　　発達のバランスをみる。

　直接検査：乳幼児自身に直接課題を与えて，反応や能力をみる。
　間接検査：子どもの養育者に対する質問をもとに発達を査定する。

　スクリーニング検査：集団健診などで，多くの子どものなかから精密検診を
　　　　　　　　　　　　必要とする子どもを見つけ出すための検査。
　診断検査：個別に子ども自身に直接的に検査し，発達状況を細かく診断する。

[1]　遠城寺式・乳幼児分析的発達検査法

　九州大学の遠城寺宗徳らによって 1958 年に発表され，乳幼児向けの発達検査法としては，日本最初のものである。乳幼児の発達を，【運動】【社会性】【言

① 子ども用オモチャ ●■▲

実験者が母子を室内に案内，母親は子どもを抱いて入室。実験者は母親に子どもを降ろす位置を指示して退室。(30秒)

④

1回目の母子分離。母親は退室。ストレンジャーは遊んでいる子どもにやや近づき，働きかける。(3分)

⑦

ストレンジャーが入室。子どもを慰める。(3分)

②

母親は椅子にすわり，子どもはオモチャで遊んでいる。(3分)

⑤

1回目の母子再会。母親が入室。ストレンジャーは退室。(3分)

⑧

2回目の母子再会。母親が入室しストレンジャーは退室。(3分)

③

ストレンジャーが入室。母親とストレンジャーはそれぞれの椅子にすわる。(3分)

⑥

2回目の母子分離。母親も退室。子どもは一人残される。(3分)

図4-4　ストレンジ・シチュエーション法の8場面（Ainsworth et al. 1978 を参考に作成）

ストレンジ・シチュエーション法

愛着理論で有名なボウルビィ（Bowlby, J.）の弟子であるエインズワース（Ainsworth, M. D. S.）は，愛着の質を測定する心理学的実験としてストレンジ・シチュエーション法を開発し，養育者との分離や再会場面に現れる子どもの行動観察を分析した。その結果，子どもたちを3つのタイプ（回避型；A群，安定型；B群，アンビバレント型；C群）に分類した。その後メイン（Main, M.）は，A・B・C群どれにも属さない子どもたち（無秩序・無方向型；D群）がいることを提唱し，この群にはネグレクト状態に置かれた子どもたちが多いことや，子どもの養育者に抑うつ傾向が強いことが報告されている。

語】の各分野で評価し，発達上の特徴を明らかにする。家族からみた子どもの状態を聞きながら，子どもを観察し，問題点を把握する。検査しやすい問題が選ばれ，一次検診のような，スクリーニングテストに適切である。

　　対象：0ヶ月から4歳8ヶ月まで

[2]　津守式乳幼児精神発達診断法

　　1961年津守真・稲毛教子により開発された「乳幼児精神発達診断法0歳～3歳」がもとになっている。乳幼児の主たる養育者と面接し，その子どもの日常の発達状況をたずねるため，検査場面の設定がない間接検査が特徴である。その後「3歳～7歳」も作成された。【運動】【探索・操作】【社会】【生活習慣】【言語】の5領域で構成されている。

[3]　ベイリーⅢ乳幼児発達検査

　　米国のベイリー（Bayley, N.）が作成したベイリー発達検査（1961）に改訂を重ね，子どもの発達を多角的に検査できるよう2006年ベイリーⅢが発行された。【認知】【言語】【運動】【社会－情動】【適応行動】の5領域から構成されている。子どもを直接観察する検査と，養育者に回答を求める間接検査が組み合わされており，子どもの総合的な発達をアセスメントできる。そのため検査者は，訓練を受け経験を積むことが必要とされる。日本では，2013年から標準化の研究が開始された。

　　対象：生後1ヶ月～3歳半

[4]　デンバー式発達スクリーニング検査（DENVER Ⅱ）

　　発達スクリーニング検査であり，1967年デンバー市の乳幼児を対象として作成された。対象児の現時点での発達的問題があるか否かをみきわめ，早期の対応の手がかりとすることが目的である。【個人－社会】【微細運動－適応】【言語】【粗大運動】の4領域からなり，検査用紙に暦年齢の垂直線を引き（暦年齢線），この線を基準として実施する項目を決める。各項目を実施しその項目の成否を記入し，それぞれの領域で3項目不可能になるまで続ける。従来の知能検査のようにIQといった数字で評価しない，年齢線を基準として遅れの項目の数が

表4-10　遠城寺式発達検査

遠城寺式・乳幼児分析的発達検査表　（九大小児科改訂版）

氏名		男／女　外来番号		検査年月日	1.　年月日　　3.　年月日
	生年月日　　年月日生　診断				2.　年月日　　4.　年月日

（年:月）	移動運動	手の運動	基本的習慣	対人関係	発語	言語理解
4:8	スキップができる	紙飛行機を自分で折る	ひとりで着衣ができる	砂場で二人以上で協力して一つの山を作る	文章の復唱（2/3）「子供が二人ブランコに乗っています。赤い上着を着た子供が前にいます。あとの子供はよい着物を着ています。」	左右がわかる
4:4	ブランコに立ちのりしてこぐ	はずむボールをつかむ	信号を見て正しく道路をわたる	ジャンケンで勝負をきめる	数唱の復唱（2/3） 5-8-2-4 6-4-3-9 7-3-2-8	数の概念がわかる（5まで）
4:0	片足で数歩とぶ	紙を直線にそって切る	入浴時、ある程度自分で体を洗う	母親にことわって友達の家へ遊びに行く	両親の姓名、住所を言う	用途による物の指示5/5（本、靴箱、時計、いす、電燈。）
3:8	幅とび（両足をそろえて前にとぶ）	十字をかく	鼻をかむ	友達と順番にものを使う（ブランコなど）	文章の復唱（2/3）「きれいな花が咲いています。飛行機械が空を飛びます。じょうずに歌を歌うと...」	数の概念がわかる（3まで）
3:4	でんぐりがえしをする	ボタンをはめる	顔をひとりで洗う	「こうしていい？」と許可を求める	同年齢の子供と会話ができる	高い、低いがわかる
3:0	片足で2~3秒立つ	はさみを使って紙を切る	上着を自分で脱ぐ	ままごとで役を演じることができる	二語文の復唱（2/3）（小さな人形、赤いふうせん、おいしいお菓子。）	赤、青、黄、緑がわかる（4/4）
2:9	立ったままでくるっとまわる	まねて○をかく	靴をひとりではく	年下の子供の世話をやきたがる	二数詞の復唱（2/3） 5-8 6-2 3-9	長い、短いがわかる
2:6	足を交互に出して階段をあがる	まねて直線を引く	こぼさないでひとりで食べる	友達とけんかをすると言いつけにくる	自分の姓名を言う	大きい、小さいがわかる
2:3	両足でぴょんぴょん跳ぶ	鉄棒などに両手でぶらさがる	ひとりでパンツを脱ぐ	電話ごっこをする	「きれいね」「おいしいね」などの表現ができる	鼻、髪、歯、舌、へそ、爪を指示する（4/6）
2:0	ボールを前にける	横木を横に二つ以上ならべる	排尿を予告する	親から離れて遊ぶ	二語文を話す（「わんわんきた」など）	「もうひとつ」「もうすこし」がわかる
1:9	ひとりで一段ごとに足をそろえながら階段をあがる	鉛筆でぐるぐるまるをかく	ストローで飲む	友達と手をつなぐ	絵本を見て三つのものの名前を言う	目、口、耳、手、足、腹を指示する（4/6）
1:6	走る	コップからコップへ水をうつす	パンツをはかせるとき両足をひろげる	困難なことに出会うと助けを求める	絵本を見て一つのものの名前を言う	絵本を読んでもらいたがる
1:4	靴をはいて歩く	横木を二つ重ねる	自分の口もとをひとりでふこうとする	簡単な手伝いをする	3語言える	簡単な命令を実行する（「新聞を持っていらっしゃい」など。）
1:2	2~3歩あるく	コップの中の小粒をとり出そうとする	お菓子のつつみ紙をとって食べる	ほめられると同じ動作をくり返す	2語言える	要求を理解する（3/3）（おいで、ちょうだい。ねんね）
1:0	座った位置から立ちあがる	なぐり書きをする	さじで食べようとする	父や母の後追いをする	ことばを1~2語、正しくまねる	要求を理解する（1/3）（おいで、ちょうだい。）
0:11	つたい歩きをする	おもちゃの車を手で走らせる	コップを自分で持って飲む	人見知りをする	音声をまねようとする	「バイバイ」や「さようなら」のことばに反応する
0:10	つかまって立ちあがる	びんのふたを、あけたりしめたりする	泣かずに欲求を示す	身ぶりをまねる（オツムテンテンなど）	さかんにおしゃべりをする（喃語）	「いけません」と言うと、ちょっと手をひっこめる
0:9	ものにつかまって立っている	おもちゃのたいこをたたく	コップなどを両手で口に持っていく	おもちゃをとられると不快を示す	タ、ダ、チャなどの音声が出る	
0:8	ひとりで座って遊ぶ	親指と人さし指でつかもうとする	顔をふこうとするといやがる	鏡を見て笑いかけたり話しかけたりする	マ、バ、パなどの音声が出る	
0:7	腹ばいで体をまわす	おもちゃを一方の手から他方に持ちかえる	コップから飲む	親しみと怒った顔がわかる	おもちゃなどに向かって声を出す	親の話し方で感情をきわける（禁止など）
0:6	寝がえりをする	手を出してものをつかむ	ビスケットなどを自分で食べる	鏡に映った自分の顔に反応する	人に向かって声を出す	
0:5	横向きに寝かせると寝がえりをする	ガラガラを振る	おもちゃを見ると動きが活発になる	人を見ると笑いかける	キャーキャーいう	母の声と他の人の声をききわける
0:4	首がすわる	おもちゃをつかんでいる	さじから飲むことができる	あやされると声を出して笑う	声を出して笑う	
0:3	あおむけにして体をおこしたとき頭を保つ	頬にふれたものを取ろうとして手を動かす	顔に布をかけられて不快を示す	人の声がする方に向く	泣かずに声を出す（アー、ウー、など）	人の声でしずまる
0:2	腹ばいで頭をちょっとあげる	手の中に持っていってしゃぶる	満腹になると乳首を舌でおし出したり顔をそむけたりする	人の顔をじいっと見つめる	いろいろな泣き声を出す	
0:1	あおむけでときどき左右に首の向きをかえる	手にふれたものをつかむ	空腹時に抱くと顔をその方に向けてほしがる	泣いているとき抱きあげるとしずまる	元気な声で泣く	大きな音に反応する
0:0	移動運動	手の運動	基本的習慣	対人関係	発語	言語理解
（年:月）	運　　動		社　会　性		言　　語	

（左欄：暦年齢／移動の運動／手の運動／基本的習慣／対人関係／発語／言語理解）

© 遠城寺宗徳　　発行元　〒108-8346 東京都港区三田 2-丁目19-30　慶應義塾大学出版会

どの領域にあるかで解釈する。その後日本版の標準化が進み，現在は日本小児保健協会によるデンバー発達判定法（DENVER Ⅱ）となっている。

　　対象：0〜6歳

[5] 新版 K 式発達検査 2001

　　精神発達のさまざまな側面にわたって，全般的な進みや遅れ，バランスの崩れなどを調べ，療育に役立てるために，1951 年京都市児童院で開発され標準化された。乳幼児向きの検査項目の多くは，ゲゼルの「発達診断」，ビューラー（Buhler, C.）の「発達検査」から採用され，学童期以降の検査項目の多くはビネーの「知能測定尺度」から採用され，動作性検査問題としてコース（Kohs, S. C.）の積木模様やノックス（Knox, H. A.）の積木叩き検査が追加されている。

　　その後何度かの改訂と標準化が行われ，2001 版では 328 個の検査問題となり，尺度も成人の問題まで広げられた。検査項目は【姿勢・運動】【認知・適応】【言語・社会】の3領域に分類され，検査というよりは行動を観察するために設定された場面であり，観察場面と言い換えてもよい。したがって検査者には経験と習熟が要求される。子どもの自発的で自然な行動が観察しやすい。結果からは，各領域と全領域の発達年齢と発達指数が算出できる。ただし，手引書の日齢計算表は 2015 で終了しており，2020 年には新版 K 式発達検査 2020 が発行される予定である。

　　対象：0 歳から成人

[6] グッドイナフ人物画知能検査（DAM　Goodenough Draw-A-Man Test）

　　1926 年，グッドイナフ（Goodenough, F. L.）によって考案された人物画による動作性の知能検査。人物像の描画が可能となれば検査は実施できる。採点対象となるのは，人物像の部分，人物像の部分の比率，人物像や部分の明細化の程度についての項目である。「人を一人描いてください，頭の先から足の先まで全部です」という教示をし，描いてもらう。評価は原則として「男子像」を対象にする。50 項目のそれぞれについて採点し，最高点 50 点，10 点で 4 歳10 ヶ月というように MA 換算表で精神年齢を出す。9 歳以上になると，表現における簡略化や美的表現のためのデフォルメなどが観察されるようになり，

記入方法：項目毎に＋か－を○で囲む

No.	項　　目	要　　領
1 ＋ －	頭(1) 	頭が描いてあれば，どんな形でもよい。頭の輪郭がなければ点にならない。
2 ＋ －	眼(7a) 	一つでも二つでも眼が描いてあればよい。眼らしいものでもよい。
3 ＋ －	胴(4a) 	胴があること，どんな形でもよい。横についていてもよい。
4 ＋ －	脚(2) 	脚があること。2本あることが必要。2本が密着していることがはっきりしているときは1本でもよい（2本以上4本以下）。
5 ＋ －	口(7c) 	どんな形でも，また場所はどこでも，口が描いてあること。
6 ＋ －	腕(3) 	腕があること。2本あることが必要，指はなくてもよい。
7 ＋ －	毛髪A(8a) 	髪の毛がどんな形でもあればよい（1本でもよい）。
8 ＋ －	胴の長さ(4b) 	胴の長さが幅より大きいこと。両者が同じでは点にならない。また輪郭がなくてはいけない。縦・横の最長部で比較する。
9 ＋ －	鼻(7b) 	鼻が描いてあること。（鼻孔のみのときも＋。したがってNo.9およびNo.44共に＋）。
10 ＋ －	腕と脚のつけ方A(5a) 	腕と脚のつけ方がほぼ正しいこと。すなわち両脚両腕が胴から出ている（胴からでていればよい）。

図4-5　人物画（グッドイナフ得点表）の一部
（グッドイナフ人物画知能検査　記録用紙　得点表より）

粗点と発達水準の間に混乱が生じることが考えられるため，対象は9歳くらいまで。

　　対象：3〜9歳（精神年齢）

[7]　TOM（Theory of Mind）心の理論課題検査

　「心の理論」はもともとプレマック（Premack, D.）の「チンパンジーは他者のこころの状態を推測できるか」という実験に基づく。子どもの「心の理論」がいったい何歳ぐらいから発達するのかウィマー（Wimmer, H.）らによって研究され，その後バロン‐コーエン（Baron-Cohen, S.）の自閉症研究（自閉症の心の理論障害説）に発展していった。この検査は，幼児・児童の社会的認知，他者の意図・思考などのこころ（mind）をどのように理解するかを発達的にみるスクリーニングテストである。この検査のもとになっているのは，バロン‐コーエンらによる「サリーとアンの課題」やパーナー（Perner, J.）らによる「スマーティーズ課題」である。

　日本では，森永ら（2003）により「TOM 心の理論課題検査法」として，以下の課題内容のものが出されている。

　　Ⅰ　げた箱課題
　　Ⅱ　表情の理解課題
　　Ⅲ　はさみ課題
　　Ⅳ　ウサギのクレヨン課題
　　Ⅴ　語彙課題
　　対象：3〜7歳

[8]　S-M 社会生活能力検査第3版

　1950年代三木安正によって開発された「社会生活能力」に何回か標準化と改訂を経て，2016年に第3版が出された。日常生活を送るうえで必要な社会生活能力を捉えるために開発され，子どもの日常生活をよく知る養育者に，129問の質問に回答してもらう間接検査である。回答された粗点から，社会生活年齢（SA）と社会生活指数（SQ）を算出し，また【身辺自立】【移動】【作業】【コミュニケーション】【集団参加】【自己統制】の6領域をプロフィールにして，

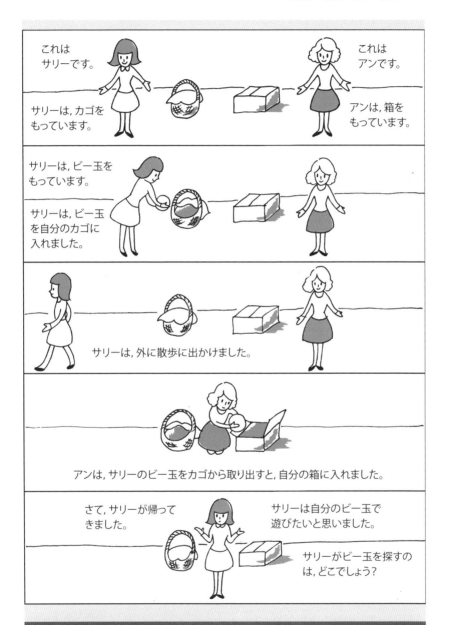

図4-6　サリーとアンの課題（Frith, 1989 を参考に作成）

子どもの生活能力を視覚化して把握することができる。

対象：1 ～ 13 歳

3　発達障害に関するアセスメント

　幼児期から青年期にかけての精神・神経発達にかかわる問題や障害について
は，成長，変化しうることを考慮しても明らかになっていないことが多い。こ
うした子どもの心理アセスメントを考えるとき，その基本は次のようである。
①障害だけに焦点を合わせるのでなく，障害を含んだ「子ども全体」を見立てる，
②多次元的な視点をもち，ダイナミックに相互関係をとらえる（生物学的要因，
養育環境・ライフイベント，環境からのストレス，パーソナリティ傾向・スト
レス対処法など），③子どもの精神症状は発達段階に応じた特有な表現がある。
また佐藤（2009）は「子どもの能力をアセスメントする際には，知能検査を構
造化された面接場面（アセスメント）として位置づけることもできる」と述べ
ている。明翫（2015）は発達にそった検査バッテリーについて図 4-7 のように
図式化している。

　発達障害に関する診断は，歴史的にも概念や定義，診断名さえも変化してい
る。しかし発達障害に関する脳機能研究は著しく発展し，心理アセスメントも
障害を特性として理解するよう方向を変え，従来の検査も時代の変遷に合わせ
て改訂されている。また DSM の診断基準が広まるにつれ，それまで複雑に絡
み合った診断が，神経発達症群としてある程度まとまってきたと考えられる。
ここでは発達障害に関するアセスメント（行動面接や質問紙）を中心に取り上
げる。

[1] 子どもの発達障害

(1) CARS 小児自閉症評定尺度（Childhood Autism Rating Scale）

　1971 年ショプラー（Schopler, E.）らによって開発され，15 項目からなる行
動を通して評定する尺度である。自閉スペクトラム症（ASD）の診断評価と
その重症度を測定する検査であり，行動観察と保護者からの情報を総合して
評価する。自閉症の治療プログラム TEACCH（Treatment and Education of

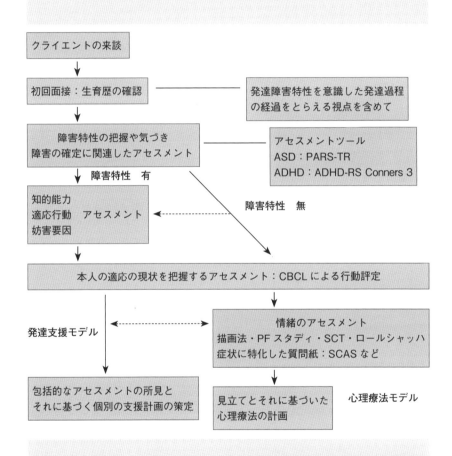

図4-7　発達にそった検査バッテリー（明翫, 2015）

Autistic and related Communication handicapped Children) の入り口となる
アセスメントと位置づけられている。

(2) PARS-TR

　日本の PARS 委員会（現在，発達障害支援のための評価研究会）によって
作成された，自閉スペクトラム症（ASD）の特性と支援ニーズを評価する面
接ツールであり，養育者を対象とした半構造化面接となっている。対象は3歳
以上の ASD 傾向が疑われる対象者の養育者である。【対人】【コミュニケーショ
ン】【こだわり】【常同行動】【困難性】【併発症】【過敏性】【その他】各項目の
発達・行動症状についてたずね，回答を評定段階で評定する。

(3) ADHD-RS

　DSM-Ⅳ-TR に準拠した，注意欠如・多動症（ADHD）のスクリーニング
や診断のための18項目のスケールである。【不注意】【多動性－衝動性】それ
ぞれの質問項目に4件法で答える。最近6ヶ月の家庭での様子を評価する家庭
版と学校での様子を評価する学校版の2種類がある。年齢や性差により，カッ
トオフポイントが異なっている。

(4) Conners 3

　コナーズ（Conners, C. K.）によって，学齢期の子どもの親や教師が，子ど
もの行動上の問題を記入する尺度として開発された。その後の改訂で，DSM-
Ⅳ-TR への対応が強化され，注意欠如・多動症（ADHD）や行為障害など新
たな領域やスケールが追加された。日本版では保護者用110問，教師用115問，
本人用99問があり，子どもの行動の評価を過去1ヶ月について4件法で回答
するものであり，現在は DSM-5 に対応した ADHD 評価スケールとして出版
されている。

(5) CBCL（Child Behavior Checklist）

　アッケンバック（Achenbach, T. M.）らが作成した行動評価尺度（Achenbach
System of Empirically Based Assessment ASEBA）には，子どもの問題を広

表 4-11　知的能力検査と発達に関するアセスメント　一覧表

全体的知的機能	田中ビネーV	
	改訂版鈴木ビネー	
	WAIS-Ⅲ（WAIS-Ⅳ）	
	WISC-Ⅳ	
	日本版 KABC-Ⅱ	
	ITPA ＊検査道具は発売中止となっている	
	DN-CAS	
乳幼児の発達検査	遠城寺式乳幼児分析的発達検査法	
	津守式乳幼児精神発達診断法	
	ベイリーⅢ	
	DENVER Ⅱ	
	新版 K 式 2001	
	DAM	
	TOM 心の理論課題	
	S-M 社会生活能力検査	
発達障害	子どもの ASD	CARS
		AQ-J 児童用
		PARS-TR
	子どもの ADHD	ADHD-RS
		Conners3
		CBCL
	読字障害	音読検査
	大人の ASD	AQ-J 成人用
	大人の ADHD	WURS
		CAARS

範囲に把握するため，養育者用「子どもの行動チェックリスト CBCL」，教師用「子どもの行動チェックリスト TRF」，子ども自身が回答する「ユースセルフレポート YSR」がある。主として親が子どもの行動を評価する CBCL は，子どもの生活状況や学業成績などについて自由に記述する「社会的能力尺度」と，最近 6 ヶ月の子どもの「問題行動尺度　118 項目」を 3 件法で回答する尺度で構成されている。

(6) 音読検査（稲垣式）

　読みの流暢性や正確性を調べるため，ひらがな文字や文の各課題を音読してもらい，音読に要した時間や読み誤り数・パターンなどを計測する検査である。読字障害のスクリーニングとして稲垣真澄により開発された。①単音連続読み検査（ひらがな 50 文字の連続音読），②単語速読検査（有意味語 30 個の連続音読），③単語速読検査（無意味語 30 個の連続音読）と④短文音読検査（3 つの短文の音読）で構成されている。

[2] 成人の発達障害
(1) AQ-J 日本語版自閉スペクトラム指数（Autism-Spectrum Quotient）

　元はバロン - コーエンによって，個人の自閉症傾向を測定する目的で開発された。自閉スペクトラム症（ASD）についてのスクリーニングとして研究・臨床場面で広く活用されている。日本版には成人用と児童用（6 〜 15 歳）がある。【社会的スキル】【注意の切り替え】【細部への関心】【コミュニケーション】【想像力】という 5 つの下位尺度があり，50 項目について 4 件法で答える。

(2) WURS ヴェンダー・ユタ評価尺度（Wender Utah Rating Scale）

　ユタ診断基準をもとに，ヴェンダー（Wender, P. H.）により開発された成人の注意欠如・多動症（ADHD）を診断するための自記式の質問紙である。子ども時代の ADHD の存在をレトロスペクティブに診断するための質問項目（子どもの時以下のような特徴がありましたか）22 問，学校ではどうだったか 3 問の計 25 問を 5 件法で答える。カットオフポイントは 46 点。

(3) CAARS（Conners' Adult ADHD Rating Scales）

　子どもの注意欠如・多動症（ADHD）とその周辺の症状を診断する質問紙 Conners 3 の成人版であり，18 歳以上の成人の ADHD 症状の重症度を把握するために作成された。66 の質問項目に対し，当事者と身近な観察者（主に家族）それぞれに 4 件法で記入してもらう。DSM-Ⅳ-TR と整合性があり，【注意不足／記憶の問題】【多動性／落ち着きのなさ】【衝動性／情緒不安定】【自己概念の問題】【DSM-IV 不注意型症状】【DSM-IV 多動性 - 衝動性型症状】【DSM-IV 総合 ADHD 症状】【ADHD 指標】が把握できる。

● 理解を深めるための参考書籍 ────────────────

1. 松本真理子・森田美弥子（編著）（2018）．心の専門家養成講座 3　心理アセスメント─心理検査のミニマムエッセンス　ナカニシヤ出版
2. 上野一彦・松田　修・小林　玄・木下智子（2015）．日本版 WISC-IV による発達障害のアセスメント─代表的な指標パターンの解釈と事例紹介　日本文化科学社
3. 齊藤万比古（編）（2009）．子どもの心の診療シリーズ 1　子どもの心の診療入門　中山出版
4. 中田洋二郎（2018）．発達障害のある子と家族の支援　学研プラス

神経心理学的アセスメント

1　神経心理学的アセスメント

　小海（2019）によれば，神経心理学的アセスメントの目的は，①高次脳機能障害のスクリーニング，②障害プロフィールの把握，③法的手続きにおける能力判定の補助的資料，④より適切な患者のケアなどに分けられる。従来は精神医学的症状と神経学的症状の区別，さまざまな神経疾患の鑑別など，診断の補助に活用されることが多かった。1970年以降，脳画像検査の進歩は目覚ましく，脳神経医学領域では画像診断が主流となっている。しかし診断が明らかであっても，現れる症状や行動はさまざまであり，適切なケアには脳機能障害だけでなく生活環境やその人のパーソナリティの理解が必須となる。心理検査を用いて患者に関する多面的な情報を得ることで，ケアの計画が立てやすく，治療やリハビリテーションの効果を測定することも可能になる。特に近年は，認知症性疾患の増加に伴う認知機能の評価や，発達障害児・者への心理アセスメントとして新しい神経心理検査が数多く開発されている。より適切なアセスメントのために，これら各種検査を理解習得し，テストバッテリーを工夫する必要が求められている。

　神経心理学的アセスメントを行ううえでは，中枢神経系の解剖学的構造と機能の相互関係に関する一定の知識が必要である。脳の病変による複雑な高次脳機能の障害は，解剖学的にだいたい決まった形で出現する障害のパターンに基づき，疾患のタイプや病変の部位の推測に有用な情報が得られる。認知機能は，大きく①受容機能，②記憶と学習，③思考，④表出機能，⑤遂行機能などに分類することができる。また注意や意識水準は，認知機能に密接に関係し，精神活動過程全体の効率に関係する。

2　認知症に関する検査

　認知症とは，脳の器質的障害などにより，記憶障害，見当識障害，理解・判断力障害，実行機能障害という中核症状に加え，周辺症状 BPSD（Behavioral and Psychological Symptoms of Dementia）として幻覚・妄想，不安・焦燥，抑うつ，徘徊，物集などさまざまな病的状態を示す，進行性で慢性の疾患の総

認知症の症状

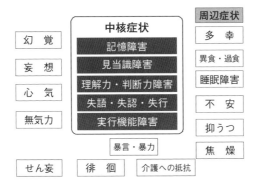

中核症状

記憶障害	新しい情報を学習したり，以前に学習した情報を想起する能力の障害
見当識障害	失見当識ともいう。現在の自分に関する基本的な見当づけ能力であり，時間→場所→人の順に障害されやすい
実行機能障害	計画を立てる，組織化する，順序立てる，抽象化する能力の障害

図5-1　認知症の症状（沼，2014）

BPSD（Behavioral and Psychological Symptoms of Dementia）
認知症に伴う問題行動や精神症状として幻覚・妄想，不安・焦燥，抑うつ，徘徊，物集などさまざまな状態がみられるが，これらは患者のADL（日常生活動作 activities of daily living）や介護負担に大きく影響するため，重要な問題になっている。

称である。これら認知機能の障害は，通常，情動の統制，社会的行動や動機づけの低下を伴う。代表的な認知症には，アルツハイマー型認知症，血管性認知症，レビー小体型認知症，前頭側頭葉型認知症などがあるが，その他にも一次的あるいは二次的に脳を障害する病態で出現する。認知症患者の諸機能を評価することはさほど困難ではないが，「認知症」と判定しその重症度を評価する場合，誤った判定をしないように注意が必要である。なかには適切な治療により認知機能の改善が見込まれる認知症（treatable）もあるため，病歴聴取，血液検査，各種画像検査，神経心理検査など丁寧なアセスメントを通して，速やかに原疾患を明らかにする必要がある。近年認知症に対する研究は目覚ましいものがあり，特に「認知症の早期発見，早期診断，早期介入」が大事とされ，アセスメントの手段としての認知機能検査も数多く開発されている。

　一般に認知症の診断は「①正常に発達していた知的機能が，②器質的原因によって，③持続的に障害され，社会生活に支障をきたすようになった状態」と定義される。したがって①知的能力障害（知的発達症），②機能性あるいは心因性精神疾患による偽性認知症，③せん妄など一過性で可逆的な病態とは区別される。

[1] 認知症のスクリーニング

　認知症の早期発見を目的に多くのスクリーニング検査が開発されている。

　①改訂長谷川式簡易知能評価スケール（HDS-R）：日本で独自に開発されたものである。日常的な診療場面において，医師によって行われることが多い。得点0〜30で，20点以下が認知症を疑う。

　② MMSE（Mini Mental Status Examination）：元々は入院患者の認知障害を測定する目的で標準化された簡便なテスト（Mini-Mental State; MMS）であり，APA（米国精神医学会）が DSM-Ⅲの診断基準を疫学調査する際，面接手引きに組み込んだものである。得点0〜30で，20点以下の場合認知症・せん妄・統合失調症・気分障害のどれかによって，知能が障害されている可能性が高いと考えられる。日本語版 MMSE については，訳出が異なる場合や臨床群とのカットオフポイントが異なることもあるので注意が必要である。

　③ CDT（Clock Drawing Test）時計描画テスト：白紙の用紙に，検査者が

表 5-1 改訂長谷川式簡易知能評価スケール（HDS-R）(加藤ら，1991)

(検査日：　　年　　月　　日)		(検査者：　　　　)

氏名：	生年月日：　　年　　月　　日	年齢：　　歳
性別：　男 / 女	教育年数(年数で記入)：　　年	検査場所
DIAG：	(備考)	

1	お歳はいくつですか？ （2年までの誤差は正解）		0　1
2	今日は何年の何月何日ですか？　何曜日ですか？ (年月日，曜日が正解でそれぞれ1点ずつ)	年 月 日 曜日	0　1 0　1 0　1 0　1
3	私たちがいまいるところはどこですか？ (自発的にでれば2点，5秒おいて家ですか？　病院ですか？　施設ですか？　のなかから正しい選択をすれば1点)		0　1　2
4	これから言う3つの言葉を言ってみてください。あとでまた聞きますのでよく覚えておいてください。 (以下の系列のいずれか1つで，採用した系列に〇印をつけておく) 1：a) 桜　b) 猫　c) 電車　　2：a) 梅　b) 犬　c) 自動車		0　1 0　1 0　1
5	100から7を順番に引いてください。(100−7は？，それからまた7を引くと？　と質問する。最初の答が不正解の場合，打ち切る)	(93) (86)	0　1 0　1
6	私がこれから言う数字を逆から言ってください。(6-8-2，3-5-2-9を逆に言ってもらう，3桁逆唱に失敗したら，打ち切る)	2-8-6 9-2-5-3	0　1 0　1
7	先ほど覚えてもらった言葉をもう一度言ってみてください。 (自発的に回答があれば各2点，もし回答がない場合以下のヒントを与え正解であれば1点)　　a) 植物　　b) 動物　　c) 乗り物		a：0　1　2 b：0　1　2 c：0　1　2
8	これから5つの品物を見せます。それを隠しますのでなにがあったか言ってください。 (時計，鍵，タバコ，ペン，硬貨など必ず相互に無関係なもの)		0　1　2 3　4　5
9	知っている野菜の名前をできるだけ多く言ってください。 (答えた野菜の名前を右欄に記入する。途中で詰まり，約10秒間待ってもでない場合にはそこで打ち切る)　0～5＝0点，6＝1点，7＝2点，8＝3点，9＝4点，10＝5点		0　1　2 3　4　5
		合計得点	

指定する時間を示している時計の絵を描いてもらう検査である。多くの実施法があるが，一般的な教示は「時計の絵（文字盤）を描いてください。○時○分の時間にしてください」である。極めて短時間（数分）で実施が可能であり，受検者の心理的負担も少ない。日常的な「時計」を課題にしているため，教育水準や文化・言語の影響を受けにくいというメリットがある。

［2］認知症や認知機能の評価

① COGNISTAT（The Neurobehavioral Cognitive Status Examination）：認知機能の多面的評価を目的としている。11 の下位項目（見当識，注意，語り，理解，復唱，呼称，構成，記憶，計算，類似，判断）があり，結果はプロフィールで表示し，障害の程度は，障害なし・軽度・中等度・重度と重症度で評価する。

② SIB（Sever Impairment Battery）：高度に障害された認知機能を評価する。9 の下位項目（社会的相互行為，記憶，見当識，注意，実行，視空間能力，言語，構成，名前の志向），40 の質問項目から構成されている。

③ Coghealth：5 種類のトランプゲームからなり，脳機能を測る。5 の下位項目（単純反応，選択反応，作動記憶，遅延再生，注意分散）からなる。

④ NPI（Neuropsychiatric Inventory）：脳病変を有する患者の精神症状を評価する。患者の行動をよく知る介護者を情報提供者とした構造化インタビューである。10 項目の精神症状（妄想，幻覚，興奮，うつなど）について頻度と重症度を評価し，介護者の介護負担度をみる。

⑤ Behave-AD（アルツハイマー型認知症行動スケール）：認知症患者の異常行動や精神症状を測定する。患者の行動をよく知る介護者を情報提供者とした構造化インタビューである。7 下位尺度 25 項目（妄想観念，幻覚，行動障害，攻撃性，日内リズム障害など）についてたずねる。

⑥ ADAS（Alzheimer's Disease Assessment Scale）：アルツハイマー型認知症の治験で，もっとも広く用いられている検査であり，認知機能の変化を評価する。認知機能検査（ADAS-cog）と非認知機能検査（ADAS-noncog）がある。記憶，言語，行為・構成の 3 領域を測定する。

表 5-2　Mini-Mental State（MMS）（Folstein et al. 1975; 森ら，1985）

	質問内容	回答	得点
1　（5点）	今年は何年ですか．	年	
	いまの季節は何ですか．		
	今日は何曜日ですか．	曜日	
	今日は何月何日ですか．	月	
		日	
2　（5点）	ここはなに県ですか．	県	
	ここはなに市ですか．	市	
	ここはなに病院ですか．		
	ここは何階ですか．	階	
	ここはなに地方ですか．（例：関東地方）		
3　（3点）	物品名3個（相互に無関係） 検査者は物の名前を1秒間に1個ずつ言う，その後，被検者に繰り返させる． 正答1個につき1点を与える．3個すべて言うまで繰り返す（6回まで）． 何回繰り返したかを記せ____回		
4　（5点）	100から順に7を引く（5回まで），あるいは「フジノヤマ」を逆唱させる．		
5　（3点）	3で提示した物品名を再度復唱させる．		
6　（2点）	（時計を見せながら）これは何ですか． （鉛筆を見せながら）これは何ですか．		
7　（1点）	次の文章を繰り返す． 「みんなで，力を合わせて綱を引きます」		
8　（3点）	（3段階の命令） 「右手にこの紙を持ってください」 「それを半分に折りたたんでください」 「机の上に置いてください」		
9　（1点）	（次の文章を読んで，その指示に従ってください） 「眼を閉じなさい」		
10　（1点）	（なにか文章を書いてください）		
11　（1点）	（次の図形を書いてください）		
		得点合計	

3 記憶機能や実行機能に関連する検査

[1] 記憶・記銘力の評価

①リバーミード行動記憶検査：日常生活をシミュレーションし，日常記憶の障害を検出する。人名の記銘と遅延再生，未知相貌と日用品の記銘と再認，道順の記銘と再生遅延，予定記憶などがある。

②ベントン視覚記銘検査：ベントン（Benton, A. L.）により，後天的な脳器質性障害を評価する目的で，1963年に考案された。形式Ⅰ・Ⅱ・Ⅲそれぞれに10枚の図版が用意され，標準の施行Aでは，各図版を10秒提示後，即時描画再生してもらう。

③ROCFT（Ray-Osterrieth Complex Figure Test）：知覚的構成能力と視覚性記憶を評価する。18のコンポーネントから構成された複雑な幾何学図形を題材にして，図形模写，即時再生，遅延再生を課題とする。

④WMS-R（Wechsler Memory Scale-Revised）：ウェクスラー式検査の一つで，記憶のさまざまな側面を総合的に測定する。認知症をはじめ種々の記憶障害の評価が目的である。13の下位検査で構成され，言語性と視覚性の検査が交互に配置され，一般的記憶，注意・集中力，言語性記憶，視覚性記憶，遅延再生などの記憶指標が導き出される。

[2] 前頭葉機能・実行機能の評価

①WCST ウィスコンシン・カード分類検査（Wisconsin Card Sorting Test）：64枚1組のカード（赤・緑・黄・青，三角・星形・十字形・円形，図形の数が1個〜4個）。これらの要素を組み合わせてできるカードの，正しい分類規則を推論させ，「抽象的行動」や「構え（セット）の変換」を調べる。その後反応カードを削減し，2段階教示にした修正版慶應版 Wisconsin Card Sorting Test（KWCST）はPC版としてダウンロードが可能である。

②FAB 前頭葉評価バッテリー（Frontal Assessment Battery）：前頭葉機能の評価を目的として開発され，【類似性】【語の流暢性】【運動系列】【葛藤指示】【Go-No-Go抑制コントロール】【把握行動】の6下位検査からなっている。

③ストループ・テスト（Stroop Test）：ストループ（Stroop, J. R.）によ

図 5-2　CDT

図 5-3　ベントン視覚記銘検査（小海，2018a）

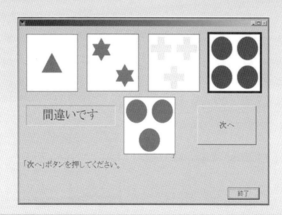

図 5-4　修正版慶應版 Wisconsin Card Sorting Test（KWCST）（日本脳卒中データバンク Website より）

り前頭葉の注意や抑制機能を測定するために開発された。慶應版 Modified Stroop Test の場合は，緑・青・黄・赤の図形を色名呼称させ，その後の課題として，「緑」という漢字が赤で書かれている場合も色名呼称させる手順になっている。

　④遂行機能障害症候群の行動評価（BADS：Behavioural Assessment of the Dysexecutive Syndrome）：日常生活上の遂行機能に関する問題点を検出するために開発された。カードや道具を使った6種類の検査と1つの質問表で構成された検査バッテリーである。

　⑤ TMT 線引きテスト（Trail Making Test）：A, B の2つのパートで構成されており，パート A では「1〜25」の数字を1から順に線で結び，パート B では「1〜13」，平仮名「あ〜し」を交互に線で結ぶ検査である。

［3］視空間認知に関する検査

　① BGT ベンダー・ゲシュタルト・テスト（Bender Gestalt Test）：ベンダー（Bender, L.）によって1938年に開発され，視覚・運動ゲシュタルト機能の様相，知能，器質的脳障害の検査，パーソナリティの偏りなどを測定することが目的となっている。合計9枚の幾何学図形を順に，一枚の用紙内に模写させる課題で構成されている。短時間で実施でき，負担の少ない検査法であり，幅広い年齢を対象に活用されている。

　② RPCM レーヴン色彩漸進マトリックス（Raven's Progressive Coloured Matrices）：レーヴン（Raven, J. C.）により開発されたレーヴン漸進マトリックスのゲシュタルトの一部を使用し，子どもが興味をもちそうな明るい背景色で描かれている。36項目の単純化された形式からなるため，主に5歳以上の子どもと高齢者を対象としている。この日本版は，WAB 失語症検査日本版の下位検査にも含まれている。

● 理解を深めるための参考書籍
1. 小海宏之（2019）．神経心理学的アセスメント・ハンドブック　第2版　金剛出版
2. 上里一郎（監修）（2001）．心理アセスメントハンドブック　第2版　西村書店
3. 小山充道（編著）（2008）．必携臨床心理アセスメント　金剛出版

検査5：動物園地図検査（その1）

規則

あなたが動物園にやってきたとします。
下に示した場所に行く道筋を考えてください。
必ずしもこの順番に行く必要はありません。

・ゾウ舎
・ライオンの檻
・ロバ舎
・喫茶店
・クマ舎
・トリ小屋

行き方を考えるには,以下の規則を守らなければなりません。

・入口から入って,最後に広場に行く。
・影のついた道は好きなだけ何度通ってもいいが,影のついていない道は1度しか通れない。
・ラクダに1度だけ乗ることができる。

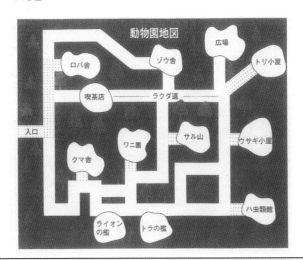

図5-5　BADSの一部（Wilson et al. 1996 鹿島監訳 2003）

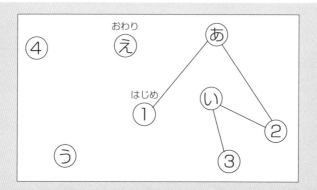

図 5-6　TMT-B 練習用の例（日本医療機能評価機構 Mains ガイドラインライブラリー Website の図に加筆）

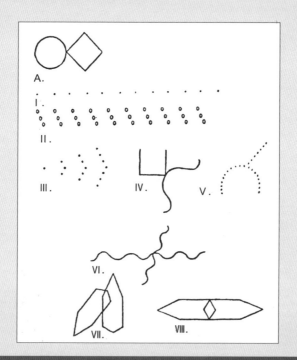

図 5-7　BGT ベンダー・ゲシュタルト・テスト（三京房：小海，2018b による一部抽出改変の図を転載）

表 5-3　神経心理学的検査　一覧表

認知症のスクリーニング	HDS-R
	MMSE
	CDT
認知症などの認知機能の評価	COGNISTAT
	SIB
	Coghealth
	NPI
	Behave-AD
	ADAS
記憶・記銘力の評価	リバーミード行動記憶検査
	ベントン視覚記銘検査
	ROCFT
	WMS-R
前頭葉・実行機能の評価	WCST
	FAB
	ストループ・テスト
	BADS
	TMT
視空間認知の評価	BGT
	RPCM

第6章

質問紙法

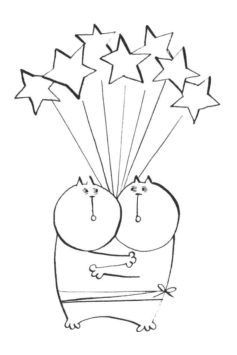

1　質問紙法

　質問紙法とは，パーソナリティ特性や個人の心理的状態の測定を目的とし，主観的に意識された体験の自己報告を手がかりとして評価する技法である。多くの質問紙法が心理学者によって開発されてきたが，以下の視点から分類することができる。

[1]　設問形式による分類

　通常は，一つから数個の文章が示され，受検者は書かれていることに当てはまるかどうか答える形式になっている。質問形式によって，以下の3つの種類がある（図6-1）。

　①真 – 偽タイプ
　②同意スケール
　③強制選択タイプ

[2]　質問紙法の妥当性による分類

(1)　表面的妥当性に立って作成されたもの

　1918年にウッドワース（Woodworth, R. S.）が作成したパーソナリティ・データシートが最初の質問紙法といわれるが，それは臨床的な問診に近いものであった。質問が表現する論理的な意味内容をそれぞれの尺度にむすびつけて，尺度を構成する。今日インベントリーといわれるものは，もっと複雑なやりかたで項目を作成している。

(2)　実際的妥当性に立って作成されたもの

　質問項目を集め，（たとえば統合失調症と診断された）患者と正常な人の両方の群に同じ質問をする。その2群間で反応の分布に明瞭な統計的有意差の認められた項目を該当項目として選び出す方法が実際的妥当性であり，MMPI，CMIが代表的なものである。

　たとえばMMPIの「偏執病尺度（第4尺度）」の各項目は，クレペリン（Kraepelin, E.）の統合失調症診断に従い偏執病の患者に550問実施し，正常

① 真ー偽タイプ

　問：重大な決定をするとき，他人の意見に影響されやすい。

　　（はい）－　？（どちらともいえない）－　いいえ

② 同意スケール

　問：重大な決定をするとき，他人の意見に影響されやすい。

　（決してない）　たまにある　ときどきある　たいていある　いつもそうである

③ 強制選択タイプ

　　　｛〇a 重大な決定をするとき，他人の意見に影響されやすい。
　　　　 b 重大な決定をするとき，衝動的に決めてしまう。

図 6-1　設問形式の種類

・**検査の信頼性**
　その検査の測定した値に変動がなく，結果が一貫していること。
　再検査信頼性，内的整合性，評定者間信頼性など

・**検査の妥当性**
　その検査が測定しようとしているものを間違いなく測定していること。
　内容的妥当性，基準関連妥当性，構成概念妥当性など

図 6-2　心理検査における信頼性と妥当性

な人よりも頻繁に反応された項目を，統計的検討を経て抜き出し，構成したものである。

(3) 因子的妥当性に立って作成されたもの

　パーソナリティを理解するために集められた多くの質問項目を，まず項目間因子分析をし，クラスターを形成する項目について心理学的意味づけを検討し尺度を構成する。さらに尺度間因子分析をして純化していくという手続きで構成されたものである。YG性格検査（矢田部ギルフォード性格検査），アイゼンク（Eysenck, H. J.）によって作成されたMPI（モーズレイ性格検査）が代表的なものである。

[3] 質問紙法の特徴と留意点
質問紙法における反応の特殊性

　知能検査や能力検査と違い，質問紙法は反応偽装の問題が起こってくる。知能検査では，IQ90の人が自分の能力をごまかして，より高い得点を得ることやIQ120のふりをすることはできない。しかし質問紙法においては，臆病な人が「勇気がある」という方をわざと選択したり，友人関係が苦手な人が「友達づきあいが好きですか？」の質問に「はい」と答えることはできる。こうしたごまかしをチェックするため，MMPIでは「？疑問点」「L虚構点」「F妥当性得点」「K修正点」が質問に対する反応の信頼性を検討する目的で工夫された。

　エドワーズ（Edwards, A. L.）は，意図的なごまかしがなくとも「社会的好ましさ（social desirability）」というものがあるとしている。人間は成長するに従い，必然的に社会で正しいとされる行動と感じ方－社会的好ましさ－を学習する。受検者の答えは，実際の受検者の特性を反映するよりも，この学習効果を反映する場合があるとして，質問の形式を強制選択タイプにするとよいとしている。エドワーズが作成したEPPS（Edwards Personal Preference Schedule）では，一対の質問項目には「社会的好ましさ」の評価について同程度のものが選ばれている。

表6-1　質問紙法の臨床使用における利点と留意点

質問紙法の利点

*　集団を対象に実施が可能

*　集団の中から目的にあった対象をスクリーニングしやすい

*　簡単に採点できる

*　特別な訓練をうけなくても採点できる

*　採点は客観的で，採点者の主観や歪みが入り込む余地はない

質問紙法の留意点

*　人格質問紙の質問項目は，大多数の人を対象にした場合に意味のある質問であり，特定の個人にその質問は関係ない場合もある

*　質問の意味の解釈が人によって異なることがある

*　受検者の意識的・無意識的な反応の歪曲が起きる可能性がある

*　深い情報が得られにくい

*　結果に反映されるのは，受検者の自己報告である

表6-2　MMPIにおけるL尺度（質問例）

L尺度の質問例

*　ゲーム（勝負事）には，負けるより勝ちたい
*　選挙のとき，よく知らない人に投票したことがある
*　時たま，人に言えないようなことを考える
*　お金を払わず映画館に入っても絶対に見つからないなら，私はたぶんそうするだろう

L尺度（虚構尺度）：たいていの人なら当然認めるような些細な弱点や欠点について問う。故意に自分を好ましく見せようとする人は，この項目の多くに「あてはまらない」と答える可能性がある。

2　代表的なパーソナリティ質問紙

[1] YG性格検査（矢田部ギルフォード性格検査）

　南カリフォルニア大学のギルフォード（Guilford, J. P）が考案した人格目録を原型として，矢田部達郎らが日本の文化環境に合うように構成したものである。日本の代表的な質問紙形式の性格検査法である。

　因子分析の手法を用いて抽出された12個の基礎因子（性格特性　下位尺度）で構成されている。各尺度は以下の通りである。D尺度（抑うつ性），C尺度（回帰性傾向），I尺度（劣等感），N尺度（神経質），O尺度（客観性の欠如），Co尺度（協調性の欠如），Ag（愛想の悪さ），G尺度（一般的活動性），R尺度（のんきさ），T尺度（思考的外向），A尺度（支配性），S尺度（社会的外向），前半の6尺度は情緒の安定性，後半の6尺度は向性を示している。各尺度はプロフィールで表示され，そのプロフィール欄を5つのブロックに分割し，A〜Eの5類型を判定する。性格類型に従い性格の判定や，12尺度や各因子内の得点から特徴的な性格特性を考察する（第8章を参照のこと）。

[2] MMPI性格検査（ミネソタ多面的人格目録 Minnesota Multiphasic Personality Inventory）

　ミネソタ大学のハサウェイ（Hathaway, S. R.）とマッキンレイ（McKinley, J. C.）が1930年代後半から開発を進めてきた，自己報告型のパーソナリティ検査であり，最初の手引きは1943年に刊行された。当初の目的は精神医学的診断を客観化することであった。しかしその後，多くの研究者により標準化や質問項目が再検討され，コンピューターによる自動解釈システムが導入されるなかで，数多くの追加尺度の研究が行われてきた。今日では臨床心理学的観点からパーソナリティを叙述する研究手段や，臨床心理アセスメントとして幅広く用いられている。心理検査としてはもっとも文献数が多く，臨床の場における利用頻度も高い。日本では1951年に導入され，1963年の翻訳版が使用されてきたが，米国の研究動向を背景に1993年にMMPI新日本版が公刊されている。

　550項目の質問で構成されており，その内容は健康・家族・職業・教育・性・社会・政治・宗教・文化・対人態度・諸種の精神病理・性度・受検態度など

表6-3　MMPI 尺度の概要

	尺度名	記号	項目	査定内容
妥当性	疑問尺度	?	—	不決断や拒否的態度
	虚構尺度	L	15	社会的に望ましいように答える構え
	頻度尺度	F	64	問題点を誇張する傾向，適応水準
	修正尺度	K	30	防衛的，自己批判的態度
臨床尺度	第1尺度　心気症	Hs	33	疾病への懸念
	第2尺度　抑うつ	D	60	不適応感や抑うつの傾向
	第3尺度　ヒステリー	Hy	60	ストレス対処の仕方，感情の洞察
	第4尺度　精神病質的偏奇	Pd	50	既成の体制や権威に逆らう傾向
	第5尺度　男子性・女子性	Mf	60	性役割の程度と性役割観
	第6尺度　パラノイア	Pa	40	対人関係上の敏感さ・猜疑的傾向
	第7尺度　精神衰弱	Pt	48	不安感をはじめ諸種の神経症的傾向
	第8尺度　精神分裂病	Sc	78	統制と疎外感
	第9尺度　軽躁病	Ma	46	活動性
	第0尺度　社会的内向性	Si	70	社会参加や対人接触を避ける傾向

である。受検者はその項目が，「当てはまる（true）」か「当てはまらない（false）」かを判断して答える。「？」回答も例外として認めるが極力避けるように指示する。受検態度を査定する4個の妥当性尺度と，経験的アプローチに基づいてパーソナリティ特徴を査定する10個の臨床尺度（この2尺度は必ず用いられる），追加尺度がある。MMPI刊行以来，550の質問を項目分析，因子分析などによりさまざまに項目を組み合わせ，数多くの追加尺度が作り上げられてきた。臨床的によく利用されているのは，不安尺度，抑圧尺度，顕在性不安尺度（MAS），自我強度尺度，支配性尺度，社会的責任尺度，統制尺度などである。

[3] MPI モーズレイ性格検査（Maudsley Personality Inventory）

　アイゼンクは性格理論において，神経症的傾向と外向性−内向性という2つの独立因子を見出した。この基本的特性を測定することを目的として1959年にMPIを発表した。神経症的尺度（N尺度）・外向性−内向性尺度（E尺度）それぞれ24問に加えて，MMPIのL尺度の趣旨に従って虚偽発見尺度（L尺度）20項目と，検査の目的を曖昧にする意味と矛盾した回答を検出する役目をもっている12項目を加え，80項目になる。「？」が20以上の場合は結果が歪んだものになるので再検査が必要となっている。N・E得点の高低により，「平均型」を含め，9類型の性格像に分類される（E_0N_0，E^+N^-，E^-N^+など）。

[4] エゴグラム（新版 TEG II）

　米国の精神科医バーン（Berne, E.）によって創始された「交流分析」の理論を背景にしてつくられた検査である。交流分析の構造分析では，人はみな内部に3つの部分（自我状態）である親の自分P（Parent），大人の自分A（Adult），子どもの自分C（Child），をもっているとしている。Pは幼いとき親から教えられた態度や行動の部分，Aは事実に基づいて物事を判断しようとする理性的な部分，Cは子どもの頃の状態のように本能や感情そのままの部分である。

　バーンの弟子であるデュセイ（Dusay, J. M.）は，各自我へのエネルギーの割り振りを視覚的（エネルギー量を棒グラフで示す）に把握し，対人関係におけるあり方などを明らかにするため，エゴグラムを考案した。後には質問紙をもとにしたエゴグラムなど，いろいろな種類のエゴグラムが開発されているが，

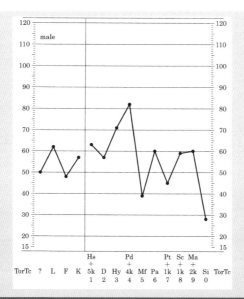

図 6-3　MMPI プロフィールの例

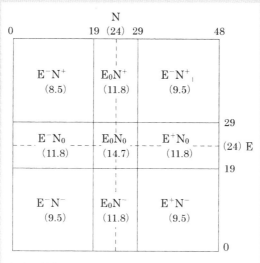

（　　）の数字はそのカテゴリーに含まれる理論的人数比

図 6-4　日本版 MPI の判定チャート（MPI 研究会編. 1969）

TEG（Tokyo University Egogram）は元東京大学医学部心療内科の末松弘行らによって開発され，その人の性格特性と行動パターンをみる自記式質問紙である。質問内容は，父親のような批判的親CP（Critical Parent），母親のような養育的な親NP（Nurturing Parent），事実に基づいて物事を判断する理性である大人A，もって生まれたままの自由な子どもFC（Free Child），「いい子ちゃん」になろうとする順応した子どもAC（Adapted Child），それぞれ10の質問と，妥当性をみるためのLの3問の計53問からなる。なお2019年に新版TEGⅡの改訂版TEG 3が出された。質問項目を変更し，新たに標準化を行っているが，53問に変わりはない。（第8章を参照のこと）

3　症状や状態のアセスメントとしての質問紙

[1] こころの健康調査票

　心理的健康度を測るスクリーニング・テストや，相談における予備面接や問診票の代わりとして，数多くの健康調査票や自記式質問紙が開発されている。産業・教育・医療など，使われる場面や目的によって，自家製で質問紙を作成することも可能である。既成のテストで代表的なものを取り上げる。

(1) 日本版GHQ精神健康調査票

　ゴールドバーク（Goldberg, P. A.）は，神経症，心身症を中心とする非器質性，非精神病性の疾患の把握，スクリーニングを目的として60項目からなる質問紙を開発した。その後多くの国で開発され，因子分析の結果をもとに12項目版・28項目版・30項目版も作成されている。内容は，①身体症状，②不安と不眠，③社会的活動，④うつ状態に関する因子から構成されている。実施・採点の簡便さ，妥当性・信頼性の吟味がされており，適用範囲の広さなどから精神科・内科・学校・企業などで広く用いられている。

(2) CMI健康調査表（Cornel Medical Index）

　コーネル大学のブロードマン（Brodman, K.）やウォルフ（Wolff, H. G.）らによって，患者の心身両面にわたる自覚症を短時間のうちに調査することを目

表 6-4　CMI の質問項目と質問内容（金久・深町，1983）

	区分	質問内容	日本版質問数
身体的項目	A	目　と　耳	10
	B	呼　吸　器　系	21
	C	心　臓　脈　管　系	14
	D	消　化　器　系	28
	E	筋　肉　骨　格　系	10
	F	皮　　　　膚	9
	G	神　　経　　系	19
	H	泌　尿　生　殖　器　系	⎧ 男子 11 ⎩ 女子 13
	I	疲　　労　　度	7
	J	疾　病　頻　度	9
	K	既　　往　　症	15
	L	習　　　　慣	7
精神的項目	M	不　　適　　応	12
	N	抑　　う　　つ	6
	O	不　　　　安	9
	P	過　　　　敏	6
	Q	怒　　　　り	9
	R	緊　　　　張	9
		合計	⎧ 男子 211 ⎩ 女子 213

的として考案された質問紙法である。自覚症の調査手段としてだけでなく，情緒障害（神経症）評価のスクリーニングとしても用いられている。

　原法は，身体的自覚症についての144項目と精神的自覚症についての質問51項目からできているが，日本版ではこれに身体的自覚症として，男性16項目・女性18項目が追加されている。臨床各科における神経症（神経症判別図Ⅰ～Ⅳ）の簡単なスクリーニング・テストとして適用できる。

(3) POMS2　日本語版（Profile of Mood States）

　治療場面における患者の主観的な気分状態を多面的に評価するため，1970年代に米国のマクネア（McNair, D. M.）らにより開発された。患者の性格傾向ではなく，その時々の気分・感情の状態について患者自身に評価させ，【怒り－敵意】【混乱－当惑】【抑うつ－落ち込み】【疲労－無気力】【緊張－不安】【活気－活力】【友好】の7種の感情尺度を測定し，プロフィールで把握する。POMS2では，ポジティブ感情尺度である【友好】とネガティブな状態を総合的に示すTMD得点が追加された。日本語版として，成人用（18歳以上）・青年用（13～17歳），全項目版（65項目）・短縮版（35項目）がある。

(4) WHO QOL 26（Quality of Life 26）

　国際比較が可能な調査票として，WHO（世界保健機構）によって開発された。どの程度豊かな生活を実践しているか，身体領域，心理領域，社会領域，環境などの側面の質問26問から成り立っている。過去2週間の生活のなかから，望んだこと，喜んだこと，関心をもったことなどについて自分の気持ちを振り返ってもらう。特にがん患者のQOL（Quality of Life）研究において広く活用されている。

(5) ストレスチェック表

　厚生労働省は，職場におけるメンタルヘルス対策として労働安全衛生法の一部を改正し，2015年にストレスチェック制度を施行した。労働者のストレスチェックと面接指導の実施などを事業者に義務づける制度である。ストレスチェックの実施者としては医師・保健師・看護師・精神保健福祉士・歯科医師・公認心理師が定められている。実施者には定められた指針において検査および

T得点	AH	CB	DD	FI	TA	VA	F	TMD 得点
92								
91								
90								
89								100
~								~
80			17					81 ～ 82
79	19				19	20	20	(79 ～ 80)
78		16						77 ～ 78
77	18		(16)	(20)	18	19		75 ～ 76
76		(15)					19	73 ～ 74
75	17		15	19				71 ～ 72
74					17	18	18	69 ～ 70
73	16	14	14	18				67 ～ 68
72					(16)	17		65 ～ 66
71		13	13	17			17	63 ～ 64
70	(15)				15	16		61 ～ 62
69				16				59 ～ 60
68	14	12	12			15	16	57 ～ 58
67				15	14			55 ～ 56
66	13	11	11				15	53 ～ 54
65					13	14		51 ～ 52
64	12		10	14				49 ～ 50
63		10			12	13	14	47 ～ 48
62	11			13				45 ～ 46
61		9	9			12		43 ～ 44
60	10			12	11		13	41 ～ 42
59			8					39 ～ 40
58		8		11	10	11	12	37 ～ 38
57	9		7					35 ～ 36
56		7		10	9	10		33 ～ 34
55	8		6				11	31 ～ 32
54				9		9		28 ～ 30
53	7	6			8			26 ～ 27
52			5			8	10	24 ～ 25
51	6	5		8	7			22 ～ 23
50			4					20 ～ 21
49	5			7	6	7	(9)	18 ～ 19
48		4	3					16 ～ 17
47				6		6	8	14 ～ 15
46	4	3			5			12 ～ 13
45			2	5		5		10 ～ 11
44	3				4		7	8 ～ 9
43		2	1	4		4		6 ～ 7
42	2				3			4 ～ 5
41		1	0	3			6	2 ～ 3
40	1					(3)		0 ～ 1
39					2		5	-2 ～ -1
38	0	0		2		2		-4 ～ -3
~								~
26								
25							0	

図 6-5 POMS2 プロフィール例の簡略図（事例 45 歳 女性 抑うつ状態）

面接指導し，面接指導結果に基づき事業者が講ずるべき措置への助言などを行うことが求められている。厚生労働省はストレスチェックのためのチェック表として，職業性ストレス簡易調査票（57 項目　簡略版 23 項目）を HP 上に公開している。

[2] うつ状態やうつ症状のアセスメント

　うつ病のアセスメントとして，精神科臨床では，医師（観察者）によるうつ病の重症度評価の尺度が多く開発されており，Hamilton うつ病評価尺度（HAM-D）はその代表的なものである。米国で薬効評価の際に広く用いられ，構造化面接化されたものもある。

　一方，うつ状態やうつ症状の自己評価尺度としての質問紙法は，面接の補助機能として用いられるほかに，患者が自らの症状の回復度合いを知るための判断手段としての機能ももつ。質問紙法を，うつ病患者のセルフモニタリングに利用することは，治療上有用でもある。自己評価尺度の質問紙法は，大規模な調査が可能であり，疫学調査研究にも不可欠なツールである。

(1) SDS うつ性自己評価尺度（Self-rating Depression Scale）

　ツァン（Zung, W. W. K.）により考案され，20 項目の質問を 4 段階で回答させる，患者の自己評価による「抑うつ性」の評価尺度でありスクリーニングとして用いられる。粗点は 20 ～ 80 点になるが，39 ～ 59 点が神経症，53 ～ 67 点がうつ病とされている。

(2) CES-D うつ病自己評価尺度（Center for Epidemiological Studies Depression）

　一般人における「うつ病」を発見することを目的として，米国国立精神保健研究所（NIMH）により開発された検査である。20 項目各々の項目について，この 1 週間における頻度「ない」「1 ～ 2 日」「3 ～ 4 日」「5 日以上」を選択させる。疫学調査において標準的に用いられている。

(3) BDI　ベック抑うつ質問表（Beck Depression Inventory：BDI）

　ベック（Beck, A. T.）によって考案された。21 の質問項目を 4 段階で回答

表 6-5 職業性ストレス簡易調査票（簡略版 23 項目）（厚生労働省 Website より）

A. あなたの仕事についてうかがいます。最もあてはまるものに○を付けてください。

	そうだ	まあそうだ	ややちがう	ちがう
1. 非常にたくさんの仕事をしなければならない ‥‥‥‥	1	2	3	4
2. 時間内に仕事が処理しきれない ‥‥‥‥‥‥‥‥‥	1	2	3	4
3. 一生懸命働かなければならない ‥‥‥‥‥‥‥‥‥	1	2	3	4
8. 自分のペースで仕事ができる ‥‥‥‥‥‥‥‥‥‥	1	2	3	4
9. 自分で仕事の順番・やり方を決めることができる ‥‥	1	2	3	4
10. 職場の仕事の方針に自分の意見を反映できる ‥‥‥	1	2	3	4

B. 最近 1 か月間のあなたの状態についてうかがいます。最もあてはまるものに○を付けてください。

	ほとんどなかった	ときどきあった	しばしばあった	ほとんどいつもあった
7. ひどく疲れた ‥‥‥‥‥‥‥‥‥‥‥‥‥‥‥‥‥	1	2	3	4
8. へとへとだ ‥‥‥‥‥‥‥‥‥‥‥‥‥‥‥‥‥‥	1	2	3	4
9. だるい ‥‥‥‥‥‥‥‥‥‥‥‥‥‥‥‥‥‥‥‥	1	2	3	4
10. 気がはりつめている ‥‥‥‥‥‥‥‥‥‥‥‥‥‥	1	2	3	4
11. 不安だ ‥‥‥‥‥‥‥‥‥‥‥‥‥‥‥‥‥‥‥‥	1	2	3	4
12. 落着かない ‥‥‥‥‥‥‥‥‥‥‥‥‥‥‥‥‥‥	1	2	3	4
13. ゆううつだ ‥‥‥‥‥‥‥‥‥‥‥‥‥‥‥‥‥‥	1	2	3	4
14. 何をするのも面倒だ ‥‥‥‥‥‥‥‥‥‥‥‥‥‥	1	2	3	4
16. 気分が晴れない ‥‥‥‥‥‥‥‥‥‥‥‥‥‥‥‥	1	2	3	4
27. 食欲がない ‥‥‥‥‥‥‥‥‥‥‥‥‥‥‥‥‥‥	1	2	3	4
29. よく眠れない ‥‥‥‥‥‥‥‥‥‥‥‥‥‥‥‥‥	1	2	3	4

C. あなたの周りの方々についてうかがいます。最もあてはまるものに○を付けてください。

	非常に	かなり	多少	全くない
次の人たちはどのくらい気軽に話ができますか？				
1. 上司 ‥‥‥‥‥‥‥‥‥‥‥‥‥‥‥‥‥‥‥‥‥	1	2	3	4
2. 職場の同僚 ‥‥‥‥‥‥‥‥‥‥‥‥‥‥‥‥‥‥	1	2	3	4
あなたが困った時，次の人たちはどのくらい頼りになりますか？				
4. 上司 ‥‥‥‥‥‥‥‥‥‥‥‥‥‥‥‥‥‥‥‥‥	1	2	3	4
5. 職場の同僚 ‥‥‥‥‥‥‥‥‥‥‥‥‥‥‥‥‥‥	1	2	3	4
あなたの個人的な問題を相談したら，次の人たちはどのくらいきいてくれますか？				
7. 上司 ‥‥‥‥‥‥‥‥‥‥‥‥‥‥‥‥‥‥‥‥‥	1	2	3	4
8. 職場の同僚 ‥‥‥‥‥‥‥‥‥‥‥‥‥‥‥‥‥‥	1	2	3	4

表6-6　BDI

教示

この質問紙のそれぞれの質問文をよく読んでください。そして最近（著者注：原版（Beck et al., 1979 の appendix 参照）では記入日を含めた過去1週間）の気持ちを最もよく表している質問文を，各質問の中からそれぞれ一つ選択して，その番号に○をつけてください。それぞれの質問に同じ程度の質問文（選択肢）が複数あれば，複数に○をつけてください。○をつける前に，各質問の質問文を全部読んでください。

項目

第1問

0　私は落ち込んでいない。

1　私は落ち込んでいる。

2　私はいつも落ち込んでいるから急に元気にはなれない。

3　私はとてもがまんができないほど落ち込んでいるし不幸だ。

第2問

0　私の将来について特に失望していない。

1　私の将来について失望している。

2　私の将来に期待するものはない。

3　私の将来には希望が持てないし，物事はよくならないと思う。

第3問

0　私は自分が失敗するとは思わない。

1　私は他の人よりは失敗してきたと思う。

2　今までのことを考えると失敗をくり返してきたと思う。

3　私は人間として全くだめだと思う。

第4問

0　日常生活では大変満足している。

1　日常生活の出来事を楽しんではいない。

2　私は何にも本当に満足できない。

3　私はどんなことにも満足できないし退屈だ。

第5問

0　私は特に罪悪感をもっていない。

1　時々罪悪感を感じている。

2　私は多くの時間罪悪感を感じている。

3　私はいつも罪悪感を感じている。

第6問

0　私は罰を受けている（いわば罰が当たっている）とは思わない。

1　私は罰せられるかも知れないと思う。

2　私は罰せられるだろうと思う。

3　私は罰せられていると思う。

第7問

0　私は自分自身に失望していない。

1　私は自分自身に失望している。

2　私は自分自身にいやけがさしている。

3　私は自分自身が嫌いだ。

第8問

0　私は自分は他の人より良くないとは思わない。

1　私は自分の弱さや失敗について自分自身を責めている。

2　私は自分の欠点をいつも自分のせいにする。

3　嫌なことが起こるとそれを自分自身のせいにする。

第9問

0　自殺について考えたことはない。

1　自殺について考えたことはあるが実行したことはない。

2　自殺したいと思う。

3　もし機会があったら自殺するだろう。

第10問

0　私はいつもより悲しい気持ちではない。

1　私はいつもより悲しい気持ちでいる。

2　私は今はいつも悲しい気持ちでいる。

3　私はいつも泣いていたが，今では泣きたいとおもっても泣けない。

質問項目 （林，1988）

第 11 問
0 私はこれまでのようにいらいらしない。
1 私は今までより簡単に悩んでしまうし、いらいらする。
2 私はいつでもいらいらを感じる。
3 私はいらいらすらも感じなくなった。

第 12 問
0 私は他の人に対する興味を失っていない。
1 私は以前より他の人に興味を持たなくなった。
2 私は他の人への興味を大部分失った。
3 私は他の人への興味を失った。

第 13 問
0 私は自分なりの判断力がある。
1 私は今までのような判断力に乏しい。
2 私は以前よりも物事の判断に困難を感じる。
3 私は何も判断することができない。

第 14 問
0 私は自分の現実よりも悪くは見えない。
1 私は年をとり魅力を失って見えるのではないか気になる。
2 私はだんだん魅力がなくなったように思う。
3 私は自分の見かけが見苦しくなって来たと信じている。

第 15 問
0 私は以前と同様に仕事ができる。
1 何かをしようとするとき前よりも余分な努力をしなければならない。
2 何かを始めるときうんと頑張らなくてはならない。
3 私は何もしたくはない。

第 16 問
0 私はいつものように良く眠れる。
1 私はいつものようには良く眠れない。
2 私は以前よりも 1 ～ 2 時間早く目がさめるしそれからはなかなか眠れない。
3 私は以前より数時間早く目がさめるし再び眠れない。

第 17 問
0 私はいつもより特に疲れたりはしない。
1 私は以前よりも簡単に疲れる。
2 私は何をやっても疲れる。
3 私はあまり疲れるので何もできない。

第 18 問
0 食欲は普通だ。
1 食欲は以前よりは良くない。
2 今は食欲がない。
3 食欲が全くない。

第 19 問
0 最近大きな体重の減少はない。
1 最近 2 キロ以上体重が減った。
2 最近 5 キロ以上体重が減った。
3 最近 7 キロ以上体重が減った。
　（食事制限の減量をしていますか。
　　　1．はい　2．いいえ）

第 20 問
0 私は健康について特に気にしない。
1 私は体の問題について気にしている。
2 私は体の事が大変気になるので他の事を考えるゆとりがない。
3 体の問題について大変悩んでいるので他の事は何も考えられない。

第 21 問
0 性についての興味は特に変わっていない。
1 以前より性に対する興味が減少した。
2 今では性に対する興味が大変減少した。
3 性に対する興味が全くなくなった。

させ，うつ病患者の自覚症状に重点が置かれている。1996年のDSM-Ⅳの診断基準を反映するよう項目内容を修正し，BDI-Ⅱとして改訂された。14～19点が軽症，20～28点が中等症，29点以上が重症のうつ病とされている。認知療法の効果研究など，臨床だけでなく研究領域においても世界でよく使われているうつ病尺度である。

（4）DSRS-C バールソン児童用抑うつ性尺度（Depression Self-Rating Scale for Children）

　児童の抑うつに対するアセスメントとしてよく用いられている。質問項目数が18と少なく，最近1週間の気持ちについて3件法で自己評価し，16点がカットオフポイントとなっている。適用年齢は7～13歳とされているが，思春期から青年期への適用も可能であるとされている。

［3］不安状態のアセスメント

　不安は臨床心理学の中心的な課題として，さまざまな心理療法で取り上げられてきた。精神分析理論においては，抑圧された不安が歪曲され，さまざまな神経症的症状として表現されるとされている。学習理論においては，不安の低減にかかわる学習性動因としての不安の役割が研究されてきた。

（1）MAS 顕在性不安尺度（Manifest Anxiety Scale）

　テイラー（Taylor, J. A.）は，精神や身体面に表出される慢性不安反応を測定するために，MMPIから質問項目を厳密に抽出し，最終的に50項目の質問紙法（妥当性尺度としてMMPIのL尺度15項目を加えて65項目から構成されている）を作成した。不安を中心とした精神的問題を抱える人をスクリーニングすることが，この検査の狙いである。

（2）日本版 STAI（State-Trait Anxiety Inventory）

　MAS発表以来多くの不安テストが登場した。近年では，不安を構成する要素，因子に注意が払われ，不安を多次元的にとらえようとする試みがなされている。スピルバーガー（Spielberger, C. D.）は，タイプの異なる二種類の不安，特性

不安と状態不安を測定する尺度を開発した。

　状態不安とは，個人がそのとき置かれた生活体条件により変化する一時的な情緒状態であり，意識的に認知される緊張や気遣いの感情と自律神経系活動の2面からなる。一方，特性不安とは，不安状態の経験に対する個人の反応傾向を示し，個人の性格傾向を反映しているとする。それぞれ20項目の質問から構成される。

　STAI の登場により，不安のアセスメントは，MAS に代わって STAI が主流となった。さらにスピルバーガーは，1983 年にいくつかを修正し STAI-Y 版を発表した。

　修正点は，主に以下の点である。

①不安の概念をより明確化し，特にうつ傾向と不安傾向の分離をはかる。

②不安の存在項目と不安不在項目の比率を，測定上意味あるものになるよう考慮する。

　不安存在……「不安です」「おびえています」

　不安不在……「落ち着いています」「気楽な気分です」

　なお，STAI-C は児童を対象としたものである。

[4] 医科診療報酬における心理検査

　日本の医療制度では，保険診療における医療行為などについて診療報酬が定められており，2 年ごとに厚生労働省が告示する診療報酬点数表によって算定される。1958 年に制定されて以降，医療の世界は飛躍的に変化し，何度か診療報酬体系の改革が行われたが，この診療報酬点数の考え方は基本的に一貫している。心理職の主たる業務の一つである心理検査の種類については「臨床心理・神経心理検査」として，診療報酬の中で明確に位置づけられている。検査の内容は表 6-7 に示した通りであるが，2 年ごとに改訂が行われる。医療分野における心理職は，各心理検査に習熟し，患者の状態や検査目的に沿ったテストバッテリーを組み，有効なアセスメントを提供する責任を負っている。こころの状態や症状をアセスメントする検査には以下のようなものがある。また，この章で取り上げた検査は，ほとんど医科診療報酬の対象となっている（神経心理検査や発達障害に関連する検査は，第 4・5 章を参照）。

表6-7　臨床心理・神経心理検査に関する医科診療報酬点数一覧（令和2年4月）

		1. 操作が容易なもの（80点）	2. 操作が複雑なもの（280点）	3. 操作と処理が極めて複雑なもの（450点）
発達および知能検査 D283		津守式乳幼児精神発達検査 牛島幼児簡易検査 日本版ミラー幼児発達スクリーニング検査 遠城寺式乳幼児分析的発達検査 デンバー式発達スクリーニング DAM グッドイナフ人物画知能検査 フロスティッグ視知覚発達検査 脳研式知能検査 コース立方体組み合わせテスト レーヴン色彩マトリックス JART	MCCベビーテスト PBTピクチュアー・ブロック知能検査 新版K式発達検査 WPPSI知能診断検査 全訂版田中ビネー知能検査V 田中ビネー知能検査V 鈴木ビネー式知能検査 WISC-R知能検査 WAIS-R成人知能検査（WAISを含む） 大脇式盲人用知能検査 ベイリー発達検査 Vineland-II日本版	WISC-III知能検査 WISC-IV知能検査 WAIS-III成人知能検査 WAIS-IV成人知能検査
人格検査 D284		パーソナリティイーインベントリー モーズレイ性格検査 Y-G矢田部ギルフォード性格検査 TEG-II東大式エゴグラム 新版TEG 新版TEG II TEG3	バウムテスト SCT P-Fスタディ MMPI TPI EPPS性格検査 16P-F人格検査 描画テスト ゾンディーテスト PILテスト	ロールシャッハテスト CAPS TAT絵画統覚検査 CAT幼児児童用絵画統覚検査
		イ：MAS不安尺度 MEDE多面的初期認知症判定検査 AQ日本語版 日本語版LSAS-J M-CHAT 長谷川式知能評価スケール MMSE	ベントン視覚記銘検査 内田クレペリン精神検査 三宅式記銘力検査 標準言語性対連合学習検査（S-PA） ベンダーゲシュタルトテスト WCSTウィスコンシン・カード分類検査 SCID構造化面接法	ITPA 標準失語症検査 標準失語症検査補助テスト 標準高次動作性検査 標準高次視知覚検査 標準注意検査法 標準意欲評価法

認知機能検査その他の心理検査 D285	□：CAS 不安測定検査 SDS うつ性自己評価尺度 CES-D うつ病（抑うつ状態）自己評価尺度 HDRS ハミルトンうつ病症状評価尺度 STAI 状態・特性不安検査 POMS POMS2 IES-R PDS TK式診断的新親子関係検査 CMI 健康調査票 GHQ 精神健康調査票 ブルドン抹消検査 WHO QOL26 COGNISTAT SIB Cogheath（医師，看護師，臨床心理技術者が検査に立ち合った場合のみ） NPI BEHAVE-AD 音読検査（特異的読字障害を対象にしたものに限る） WURS MCMI-II MOCI 邦語版 DES-II EAT-26 STAI-C 状態・特性不安検査（児童用） DSRS-C 前頭葉評価バッテリー ストループテスト MoCA-J Clinical Dementia Rating (CDR)	遂行機能障害症候群の行動評価（BADS） リバーミード行動記憶検査 Ray-Osterrieth Complex Figure Test (ROCFT)	WAB 失語症検査 老研版失語症検査 K-ABC K-ABC II WMS-R ADAS DN-CAS 認知評価システム 小児自閉症評定尺度 発達障害の要支援度評価尺度（MSPA） 親面接式自閉スペクトラム症評定尺度改訂版（PARS-TR） 子ども版解離評価表

注1：国立精研式認知症スクリーニングテストの費用は，基本診療料に含まれているものであり，別に算定できない。
注2：1－イは早期発見を目的とし，3ヶ月に1回算定できる。

(1) MCMI- II ミロン臨床多軸目録境界性スケール日本語版

　DSM- IV におけるパーソナリティ障害の診断を規準として，境界性パーソナリティ障害の傾向を把握するために作成された。ミロン（Millon, T.）により作成された MCMI- II は 62 項目であるが，日本語版は 17 項目の短縮版である。衝動性，行動化への罪悪感，怒りの持続と不眠，対人的な自己中心性の 4 因子からなり，「当てはまる」「当てはまらない」の 2 件法で採点し，カットオフポイントは 10 点である。

(2) IES-R 改訂出来事インパクト尺度（Impact of Event Scale-Revised）

　単一の尺度としては，各種の災害研究において，国際的にもっとも広く使用されている。DSM- IV における PTSD（心的外傷後ストレス症）の診断基準である再体験・侵入症状，回避症状，覚醒亢進症状の 22 項目からなる。過去 1 週間の症状の頻度を，4 段階で評価する自記式質問紙である。

(3) 日本語版 LSAS-J リーボヴィッツ社交不安尺度（Liebowitz Social Anxiety Scale）

　社交不安とは，他者の注視を浴びるような社交場面における著しい不安や恐怖を抱くことであり，症状の重症度をスクリーニングするために作成された。いろいろな社会的場面に関する 24 の質問に対して（例：人前で電話をかける。公共の場所で食事をする。など），不安／恐怖感及び回避の項目に 0 ～ 3 点の 4 件法で自己評価する。合計点数によって境界域・中等度・重症（95 ～ 100 点以上）の目安がたてられる。

(4) DES- II 解離性体験尺度

　健常な人が体験しうる病的でない日常的な解離体験から，解離性同一症のような病的で重度な解離に移行する軸を仮定して作成された質問紙（Dissociative Experiences Scale）の日本語版である。一般成人や臨床での使いやすさ，社会的望ましさの回答を考慮して，教示文や回答スケールに工夫がされている。28 ある質問項目の文末を「～というようなことのある人がいます。あなたにはこのようなことがどれくらいありますか」という聞き方をする。また尺度は

表6-8　IES-R（改訂出来事インパクト尺度）より一部抜粋

お名前 ＿＿＿＿＿＿（男・女＿＿歳）　記入日 ＿＿年＿月＿日

下記の項目はいずれも，強いストレスを伴うような出来事に巻き込まれた方々に，後になって生じることのあるものです。＿＿＿＿＿＿＿＿＿＿に関して，この一週間では，それぞれの項目の内容について，どの程度強く悩まされましたか。あてはまる欄に○をつけてください。（なお答に迷われた場合は，不明とせず，もっとも近いと思うものを選んでください。）

	（この一週間の状態についてお答えください。）	0 全く なし	1 少し	2 中く らい	3 かな り	4 非常 に
1	どんなきっかけでも，そのことを思い出すと，そのときの気もちがぶりかえしてくる。					
2	睡眠の途中で目がさめてしまう。					
3	別のことをしていても，そのことが頭から離れない。					
4	イライラして，怒りっぽくなっている。					
5	そのことについて考えたり思い出すときは，なんとか気を落ち着かせるようにしている。					
6	考えるつもりはないのに，そのことを考えてしまうことがある。					
7	そのことは，実際には起きなかったとか，現実のことではなかったような気がする。					
8	そのことを思い出させるものには近よらない。					
9	そのときの場面が，いきなり頭にうかんでくる。					
⋮	⋮			⋮		

（作成：東京都精神医学総合研究所）

注）IES-R は，PTSD の侵入症状，回避症状，覚醒亢進症状の3症状から構成されており，災害や犯罪ならびに事件・事故の被害など，ほとんどの外傷的出来事について使用可能な心的外傷性ストレス症状尺度である。心的外傷性ストレス症状の高危険者をスクリーニングする目的では，24/25 のカットオフポイントが推奨される。

出典：Weiss, D. S., & Marmar, C. R.：The impact of Event Scale-Revised. In: Wilson, J. P.,Keane, T. M. eds., *Assessing Psychological trauma and PTSD*. The Guilford Press, New York, pp.399-411, 1997.

Visual Analogue Response Scale（0％そういうことはない〜100％いつもそうだ，までの10％刻みの11件法）を用いている。

(5) EAT-26

　摂食障害（特に神経性やせ症）に特徴的な摂食態度や食行動の症状をもとに作成された尺度である。摂食障害のリスク・グループを弁別するためのスクリーニングや臨床群の重症度を評価する。摂食制限因子，過食と食物への専心因子，食事支配因子の3因子からなる26項目を1〜6点で評価し，20点以上で摂食障害の可能性が高いと判断する。

● 理解を深めるための参考書籍――――――――――――――――――――――
1. 津川律子（2009）．精神科臨床における心理アセスメント入門　金剛出版
2. デュセイ，J.M.　池見酉次郎（監修）（2000）．新装版エゴグラム　創元社
3. 日本臨床MMPI研究会（監修）　野呂浩史・荒川和歌子・井手正吾（編）（2018）．臨床現場で活かす！よくわかるMMPIハンドブック（基礎編）　金剛出版

（例）周囲の人や物や世界が現実ではないように感じられる，というようなことの
ある人がいます。あなたにはこのようなことがどれくらいありますか。

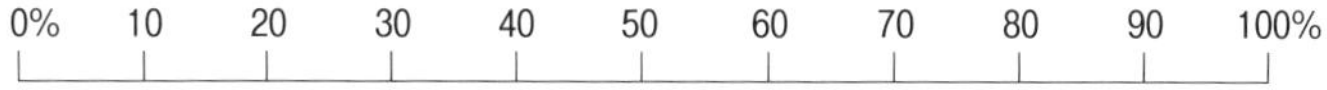

| 0% | 10 | 20 | 30 | 40 | 50 | 60 | 70 | 80 | 90 | 100% |

図 6-6　DES-IIの尺度図

表 6-9　質問紙（心理尺度）一覧

パーソナリティ質問紙	YG 性格検査 MMPI 性格検査 MPI 性格検査 新版 TEG II　TEG3
こころの健康調査	日本版 GHQ CMI 健康調査票 POMS2 WHO QOL26 ストレスチェック表
うつ状態やうつ症状の心理尺度	SDS CES-D BDI-II
不安に関する心理尺度	MAS STAI
その他の心理尺度	MCMI-II IES-R LSAS-J DES-II EAT-26

第7章

投映法

1 投映法とは

投映法は，受検者に自由で正誤や優劣のない課題を実施し，その結果からパーソナリティを測定する検査法である。曖昧で多義的な刺激に対して自由な反応をしてもらい，その反応様式から受検者のパーソナリティの特徴をとらえる。自覚的に意識された欲求や感情や態度から，内面に抑圧された無意識の願望や葛藤の様相にいたるまで，できるかぎり豊富に導き出すことを目的としている。受検者は回答を意識的に歪めることができないので，性格を力動的・総合的・多面的にとらえることができる。また，質問紙法とは異なり，無意識レベルの個性を理解することが可能である。質問紙法と投映法の関係を示したものとして，シュナイドマン（Schneidman, E.）の図は有名である。

反面，投映法は検査を施行し整理する手間が複雑で，さらに相当熟練した検査者であったとしても，検査者によって解釈の結果が異なることもあり，結果についての客観性や信頼性が低いといわれている。また深層心理をとらえるテストが多く，特に外界の刺激に動揺が大きい精神疾患などの患者に対しては侵襲性が高いというリスクがある。

2 代表的な投映法

[1] 描画法

投映法の特徴は，人が独自の仕方で反応するよう自由度を最大限にしているところであり，そのなかでも描画法は特に自由度が高い（ハマー（Hammer, E.）の図式（図7-2）を参照）。しかし画面という枠はあり，それは与えられた環境でもある。アセスメントとして描画法を用いる場合は，何を描画するか，あらかじめ指定することが多い。画面に表現されたもの，されなかったものを通してパーソナリティの構造，機制，力動性を理解し，心理的援助の手がかりを得ることを目的とする。

また「描画する」ことそのものにも治療的意義がある。したがって，描き手である受検者と検査者との関係はより重要となる。心理療法の過程で自然に描画が生じる場合は自由画が多い。またスクィグル（Squiggle）のように，最初

検査法	目　的	刺激	場　面	受検者の意識的操作
質問紙法	明　瞭	具体的	単独, 自主的	可　能
SCT	ほぼ明瞭	具体的	単独, 自主的	表面的可能
TAT	不　明	具象的	テスターとの対人場面	表面的可能
ロールシャッハ	不　明	非具象的	テスターとの対人場面	困　難

表 7-1　検査法と投影水準 (馬場. 1973)

検　査　法	投　影　水　準
質問紙法	
S　C　T	
T　A　T	
ロールシャッハ	

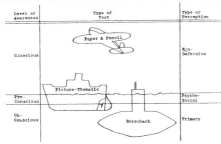

図 7-1　シュナイドマンの図
(Schneidman, 1949)

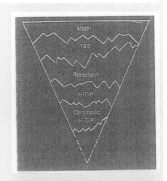

図 7-2　ハマーの図式
(Hammer, 1969)

スクィグルとスクリブル

英国の小児科医ウィニコット (Winnicott, D. W.) は，子どもたちの日常的な遊び（お互いに自由な描画のやり取りを繰り返す**スクィグル・ゲーム　squiggle** game）を，子どもの心の治療に取り入れた。またナウムブルグ (Naumburg, M.) は芸術療法として，一筆のなぐり書き（**スクリブル　scribble**）を使って同じような描画法を提案している。自由にパステルなどで描かれた一筆書きの線から，描き手は改めて「見えてきたもの」を描く手法である。

から治療的なかかわりを目的として描画という表現方法を用いる場合もある。

(1) バウムテスト

　バウムテストはスイスのユッカー（Jucker, E.）が着想し, コッホ（Koch, K.）が精神診断の補助手段として考案し, 「Der Baumtest」(1949) によって普及した。バウム（Baum）とはドイツ語で木を意味し, 文字通り一本の木の絵を描いてもらう検査である。描かれた木は描いた人の木のイメージであり, それゆえ自己像の一種であるとみなされる。バウムにパーソナリティが反映されていると仮定する。また, バウムが描かれた紙面が, 自己の生活空間と同一視されるとすると, バウムの立つ位置を自己の空間定位ととらえることができる。コッホはグリュンワルド（Grünwald, M.）の空間象徴理論を援用し, 空間領域にそれぞれの意味を与え, バウムにおける空間図式を解釈仮説として提案した。解釈するときは, 「描かれた樹木のかたちを分析（形態分析）し, 次に鉛筆のうごきを観察（動態分析）し, これに加えて樹木の紙面における配置（空間象徴）の意味を読み取るべきである」と述べている（Koch, 1952 林ら訳 1970）。なお教示については, コッホ自身も時代により変遷しており, 研究者によっても使用する用紙の大きさや教示が異なっている。以下は日本で一般的に行われている教示である。

　教示：A4 の用紙を用意し「実のなる木を一本描いてください」と教示する。

(2) DAP（Draw‐A‐Person Test）

　DAP とはパーソナリティ理解としての人物画テストである。本来は児童の知的側面を理解するために, グッドイナフ（Goodenough, F. L.）によって開発された。しかしマッコーバー（Machover, K.）は知能よりも, パーソナリティ査定のための方法として用いた。描画法は, 描き手のこころの状態が投映されるが, 描かれる主題によって投映されやすいパーソナリティの側面も存在する。人物画は樹木画よりも意識された自己像を表現しやすいといわれている。DAP は描き手の自己像や対人知覚を投影するという点で, 精神力動モデルに基づき, 精神分析的な象徴解釈が多く行われる。さらに, 発達心理学や空間象徴の理論も準拠理論として重要である。

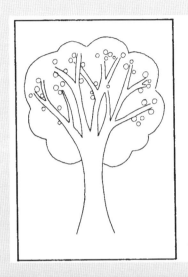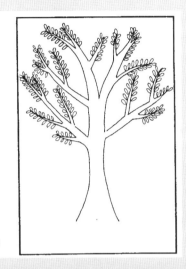

図 7-3　バウムテスト描画例（Bolander, 1977）

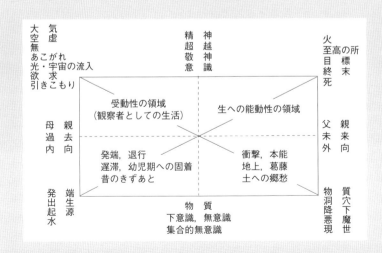

図 7-4　グリュンワルドの空間図式（Bolander, 1977）

　教示：B5 〜 A4 の画用紙を用意し，1 枚目にまず「人を一人，全身を描いてください」と描かせ，2 枚目に「反対の性の人」を描かせる。

（3）HTP（House Tree Person Test）

　HTP は，バック（Buck, J. N.）が 1948 年に著した「The HTP Technique」が原本となっている。1 枚 1 枚の画用紙に，家屋，樹木，人物という課題を手書きするものである。その後いろいろな研究者によって，HTP が工夫され発展している。

　教示：B5 用紙を 3 枚用意し，それぞれに家屋，樹木，人物を描いてもらう。

> **統合型 HTP（S-HTP）**
> 三上（1995）は家屋・樹木・人物という 3 つの課題を別々に描くのではなく，一枚の画用紙（A4 用紙）に一緒に描いてもらう方法を提案した。
> 教示：「家と木と人を入れて，何でも好きな絵を描いてください」。

（4）家族描画法（FDT：Family Drawing Test，KFD：Kinetic Family Drawings）

　人物画法から発展し，児童の知的・情緒的発達の評価法として 1951 年に発表された。フルセ（Hulse, W. C.）は「情緒障害の評価には，人物像の部分的な採点評価よりも，家族として受検者（描画者）を含めた集団としての人物画の全体的な把握の方が，より適切に問題を把握できる」とした。その後，いろいろな家族画法が工夫・考案されている。

> **合同家族描画法（FDT）**
> 「自分も含めた，家族の絵を描いてください」
>
> **動的家族画（KFD）**
> 「あなたを含めて，あなたの家族みんなについて，何かしているところを絵に描いてください」
>
> **円枠家族描画法**
> 直径 19 〜 23cm の円を描いた画用紙を 4 枚用意する。それぞれ母・父・自分を円の中心に置き，円の周辺に視覚的な自由連想を行って描いたシンボルを配する。最後の 1 枚は両親と自分を円の中心に描き，そこから連想するものイメージするものを描き入れてもらう。バアンズ（Burns, R. C.）は当初この技法を，「マンダラ画法」と名づけるつもりだったと言っている。

事例A　20歳代　男性　大学生

事例B
20歳代　女性
大学生

図 7-5　S-HTP 事例

(5) 風景構成法

　この検査法は，中井久夫によって 1970 年に創案された描画法である。当時中井は，統合失調症患者との言語交流の可能性を追求する補助手段として，非言語的手法の描画によるイメージ表現に着目した。その後，河合隼雄の箱庭療法からヒントを得て「枠付け法」を考案した。また箱庭という三次元空間における風景を，描画という二次元空間における風景へと変換した。現在，臨床実践領域における普及度は，バウムテストとともに非常に高い。(詳しくは，第 8 章を参照)

[2]　P-F スタディ（Picture Frustration Study）

　P-F スタディはローゼンツァイク（Rosenzweig, S.）の欲求不満理論と個性力学の理論を背景につくられた。彼はフロイト（Freud, S.）の精神分析に関心をもち，その諸概念を実験的に妥当化しようと精神分析の研究を試みた。課題が未完了であることは欲求不満状態を引き起こし，欲求不満によって引き起こされる抑圧・置換え・投射など精神力動学のメカニズムの精査や，投映法的方法論の研究として P-F スタディが創案された。「欲求不満反応を査定するための絵画連想検査（the Picture-Association Study for Assessing Reactions to Frustration)」と正式には呼ばれる。投映法としては，言語連想検査と TAT の中間に位置する。場面決定因は明確化されているが，刺激の曖昧性がもたせてあり，準投映法として位置づけられる。

　24 のイラスト場面からなり，どの場面も 2 人以上の人物が描かれている。人の表情や態度はことさらに省略してあるが，絵の印象で特別な反応を暗示誘発するのを避けるためである。我々が日常経験するような軽い欲求不満場面から構成され，どの絵も左側の話しかけている人物が，右側の人物になんらかの意味で欲求不満を起こさせ，右側の人物がどう答えるかを問う検査である。大きく分けて次の 2 場面から構成されている。児童用・青年用・成人用がある。

　自我阻碍場面：人為的・非人為的な障害によって直接に自我が阻害されて欲求不満を引き起こしている。計 16 場面。

　超自我阻碍場面：他の人から非難，詰問されて，いわゆる超自我（良心）が阻害されて欲求不満を招いた場面（悪いことをしたという良心の呵責にかられ

図7-6　風景構成法事例（30代　女性　会社員）

図7-7　P-Fスタディの一こま（模擬図版）

る場面）。計8場面。

　反応をサイン化するときは，その背景的動機などを考えないで書かれた言葉に従う（語義的）。表7-2に示したように，アグレッション（aggression）の型（障害優位・自我防衛・欲求固執）と方向（他責・自責・無責）の2次元11種（EとIを含む）の評定因子でスコアする。得られたスコアリング・データからGCR（Group Conformity Rating　集団一致度），プロフィール分析，反応転移分析といった形式分析だけでなく，記入された生の言葉などの内容分析を通して総合的な解釈をする。

[3] 絵画統覚検査（Thematic Apperception Test：TAT）

　TATは最初モーガン（Morgan, C. D.）とマレー（Murray, H. A.）によって「空想研究の一方法」として発表された。その後何回かの改訂を経て，マレーにより1943年に発行されたTAT図版が今日広く活用されている。

　図版の構成：30枚の絵と1枚の白紙図版からなり，各図版は1から20までの番号がつけられ，少年用（B），少女用（G），成人男子用（M），成人女子用（F）の記号がつけられ，この組み合わせでBM，GF，BG，MFと用途が区別されている。マレーの原法では一人の受検者に20枚実施（Full-TAT）することになっているが，現在は数枚から10枚前後が適当に選ばれることが多い。

　教示：「これから何枚かの絵をお見せします。一つの絵について，それを見て自由に空想して物語を作ってください。この絵の前にどういうことがあったのか，今はどういう場面か，これからどうなるのか，登場する人物がどんなことを考えたり感じたりしているか，自由にあなたの思うとおりにお話してください」

　分析：マレーのパーソナリティ理論に基づいた，欲求－圧力分析が主要な方法とされている。しかしロールシャッハ・テストと比較して，TATは分析解釈の基本的方法が十分に確立されているとはいいがたい。多くの研究者がさまざまな分析方法を提案している。

表7-2　P-Fスタディ評点因子一覧表（ローゼンツァイク 林，2007，2020 を改変）

アグレッションの型／アグレッションの方向	障害優位型（O－D）	自我防衛型（E－D）	欲求固執型（N－P）
他責的　E－A	E'（他責逡巡反応） 欲求不満を起こさせた障害の指摘の強調にとどめる反応。「チェ！」「なんだつまらない！」といった欲求不満をきたしたことの失望や表明もこの反応語に含まれる。	E（他罰反応） とがめ，敵意などが環境の中の人や物に直接向けられる反応。 E：これはE反応の変形であって，負わされた責めに対して，自分には責任がないと否認する反応。	e（他責固執反応） 欲求不満の解決をはかるために他の人が何らかの行動をしてくれることを強く期待する反応。
自責的　I－A	I'（自責逡巡反応） 欲求不満を起こさせた障害の指摘は内にとどめる反応。多くの場合失望を外にあらわさず不満を抑えて表明しない。内にこもる形をとる。外からみると欲求不満の存在の否定と思われるような反応である。したがって失望や不満を抱いていることを外に表さないためにかえって障害の存在が自分にとっては有益なものであるといった形の反応語もこれであるし，他の人に欲求不満をひき起こさせそのためにたいへん驚き当惑を示すような反応もこれに入る。	I（自罰反応） とがめや非難が自分自身に向けられ，自責・自己非難の形をとる反応。 I：これはI反応の変形であって，一応自分の罪は認めるが，避け得なかった環境に言及して本質的には失敗を認めない反応。多くの場合言い訳の形をとる。	i（自責固執反応） 欲求不満の解決をはかるために自分自ら努力をしたり，あるいは，罪償感から賠償とか罪滅ぼしを申出たりする反応。
無責的　M－A	M'（無責逡巡反応） 欲求不満をひき起こさせた障害の指摘は最小限度にとどめられ，時には障害の存在を否定するような反応。	M（無罰反応） 欲求不満をひき起こしたことに対する非難を全く回避し，あるときにはその場面は不可避的なものと見なして欲求不満を起こさせた人物を許す反応。	m（無責固執反応） 時の経過とか，普通に予期される事態や環境が欲求不満の解決をもたらすだろうといった期待が表現される反応。忍耐するとか，規則習慣に従うとかの形をとることが特徴的である。

〈欲求－圧力分析〉

語られた話のなかにみられる欲求－圧力の分類

　　欲求（屈従・遂行・獲得・和合・侵攻・圧力排除・非難回避など）

　　圧力（人間的圧力　獲得・和合・侵攻・好奇・敬服など）

　　　　　（非人間的圧力　不幸・悩み・死・喪失・単調・失敗など）

分析手順

　　①主人公

　　②環境刺激（圧力）一般状況　特殊状況

　　③主人公の行動（欲求）

　　④内的状態

　　⑤行動表出様式

　　⑥結末

[4] 精研式 SCT（Sentence Completion Test）

　パーソナリティの全体像を，受検者本人の自発的表現により把握する検査である。短い刺激文が書いてあり，その言葉を見て頭に浮かんだことをそのまま続けて書いていくスタイルになっている。精研式 SCT がわが国では一般的に活用されている。Part Ⅰ，Part Ⅱの各30項目（成人用）からなっている。作成した槇田仁らによれば，パーソナリティのスキームは，「社会・生物的基礎」「性格」「指向」の３つに分けられ，さらに「社会」「家庭」「身体」「知能」「気質」「力動」「指向」と７つに細分化され，これらに従って刺激文が構成されている。成人用・中学生用・小学生用とある。

　ロールシャッハ・テストや TAT は非言語的で曖昧な刺激であるのに反して，SCT は単語や書きかけの文章といった言語刺激であり，受検者は論理的に考え，自己の内面を統制して反応しやすい。検査状況も，ロールシャッハ・テストや描画法は検査者とのコミュニケーションが発生するが，SCT では受検者は刺激素材とは向き合うが，検査者との関係は希薄である。

　解釈は，まず形式分析として，記入量・誤字脱字の存在・書字の丁寧さや書き癖・言葉遣いや表現形式・未記入項目の有無などの特徴をみる。内容分析としては，７つに細分化された刺激文から，自己概念・価値観・社会生活におけ

CAT (The Children's Apperception Test)
TAT の幼児・児童用として，ベラック（Bellak, L.）により，動物を主人公とする図版が 1948 年に発表され 1949 年に公刊された。10 枚の図版からなり，ニワトリ・クマ・カンガルー・ライオン・トラ・サル・イヌなどが登場する。

日本版 CAT
1956 年戸川行男らにより，CAT を参考に日本の文化に合うように改変して発表された。日本版 CAT では，リスのチロを主人公として 17 枚の図版を構成しているところが特徴である。

図 7-8 擬似絵画統覚検査図 （川瀬ら，2006）

る態度，対人関係・家族関係・異性関係などについて広く情報を得て，パーソ
ナリティ特徴をまとめる。

[5] ロールシャッハ・テスト

(1) ロールシャッハ・テストとは？

　投映法の前提となる仮説は，その人が表現するものはその人らしさを反映し
ている，同じ刺激に異なった反応がみられれば，その反応の差異は受検者（個人）
の差異である，といわれている。この仮説を踏まえて，スイスの精神科医ロー
ルシャッハ（Rorschach, H.）によって，1921 年に『精神診断学』として刊行
されたのが，いわゆるロールシャッハ・テストである。この検査を彼は，知覚
診断実験あるいは形態判断検査と呼んでいる。インクのシミ（ink-blot）で偶
然できあがった左右対称の多義的な図形からなる 10 枚の図版を見せ，何に見
えるかを連想（Free Response 段階）させ，なぜそのような判断に至ったかを
説明（Inquiry 段階）させることを課題としている。

　ロールシャッハ・テストは，同じ投映法でも人物や風景が描かれている
TAT と違って，インクのシミ（図版の刺激）そのものが曖昧で多義性をもっ
ている。したがって「インクのシミが何に見えるのか？　何に似ているか？
いかなる理由でそう見えるか？」を問う課題である。知覚された刺激はその人
の記憶のなかにある概念と符合した意味づけ（認知）が行われ，それが反応と
して提示される。受検者が何を見るかは，経験，知識，興味，気分，欲求，価
値体系などによって決定される。このような心的過程に加えて，テスト状況は
検査者－受検者という社会的役割場面でもある。テスト反応のみを手がかりに
するのではなく，テスト場面での受検者の行動全体や，検査者とのかかわり（対
人交流）も分析や解釈の材料である。

(2) ロールシャッハ・テストの施行

　ロールシャッハ図版（ロールシャッハは何千枚と図版を作成しているが，最
終的に『精神診断学』では 10 枚になり，現在でもこの図版が使用されている）
を受検者に 1 枚 1 枚提示し，受検者が思いつくまま連想していく言葉を，検査
者は逐語に近い形で記録する。

Part I

1　子供の頃，私は 叱れてばかりいたことが多かったので(その事について)考えてばかりいる事が多く(悩んでいる事が多かったので)人より疲れていると感じる事が多かった。

2　私はよく人から 何も考えていないで生きていると思われる事が多い。

3　家の暮しがたとえ上手く出来なくても、家族をたよって(一生)一緒に生きてゆく(生活してゆく)事は、いけない事だと思う。

4　私の失敗は 要領悪く生きてしまうことである。

10　私がきらいなのは 疲れはてて 何も(したくても)出来ない、自分の姿である。

11　私の服は どこにでもありそうで ないもの ばかりである。

12　死は 恐れることではなく、畏れることだと思う。

13　人々が 個々にあった幸せで 満たされたらよいのに。

14　私のできないことは 自ら決してしてはいけないと(自ら)制している事である。

15　運動 不足になっているので何かしなくてはと思っている。

SCT の一部

図7-9　事例A　女性　アスペルガー障害の疑い

　以下，片口式に基づいた手順を紹介する。表7-3, 表7-4, 図7-11 は片口式ロールシャッハ・テストの整理用紙（K- Ⅷ）を使って，スコアリング結果を示したものである。

〈**自由反応段階と質疑段階**〉

　①反応時間

　②反応があったときの図版の向き

　③自由反応段階（Free Response）での受検者の反応語

　④質疑段階（Inquiry）での検査者と受検者の応答

　⑤テスト中に検査者が気づいたさまざまな受検者の態度・表情・動作など

〈**記号化（Scoring）**〉

　次に，産出されたそれぞれの反応を総合的に解釈するために記号化し，整理・集計する。

　①反応数はいくつか……Total Responses

　②反応時間は早いか遅いか……Reaction Time

　③ ink-blot のどの領域を用いたか，全体か，部分かなど……Location

　④どういうことを手がかりに判断がなされたか，形か，色か，運動かなど……Determinant

　⑤どのような内容か，動物か，人間か，自然物かなど……Content

　⑥その反応はよく見られる種類のものか，否か……Popular Response

　⑦反応の ink-blot に対する適合は正確で適切なものかどうか……Form-level Rating

　などを評価し，集計する。

〈**分　　析**〉

　これらの記号をもとに，以下のような分析を行っていく。

　①形式分析：Scoring から得た反応の数的（量的）結果を分析

　②継列分析：図版ごとに反応内容を細かく分析

　③内容分析

　これらの分析を通して，総合的にパーソナリティなどの記述を行う。

　　　↓

　①知的能力の評価

（The Hermann Rorschach
Archives and Museum Bern
（Switzerland））

ロールシャッハ　Rorschach, Hermann（1884-1922）
スイスの精神科医。ロールシャッハ・テストを創案した。
チューリッヒに生まれ，チューリッヒ大学のブロイラー
のもとで医学を学び，精神病院に勤務しながらフロイト
やユングの連想実験に関心をもった。1911年インク・ブ
ロットを使った検査を精神病患者や児童を対象に行い，
1921年『精神診断学』を出版する。ここにロールシャッ
ハ・テストが誕生した。しかし翌年病没し，その後共同
研究者のオーバーホルツアー（Oberholzer, E.）らにより
米国で発展していった。

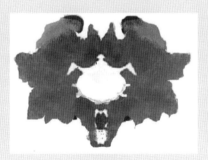

図7-10　疑似インクブロット図版

②自我機能（防衛機制・対外的処理能力・現実吟味力・情緒の統制）の評価
③対人関係様式や自己像についてのあり様

（3）さまざまなロールシャッハ分析システム

　ロールシャッハが若くして亡くなったこともあり，産出された反応の分類やスコアリングに関しては，今日いくつかの異なった分析システムがある。

　米国：クロッパー方式，ベック方式，ピオトロフスキー方式，ラパポート方式，包括システム（エクスナー方式）など

　日本：片口方式（クロッパー方式に準拠する），大阪大学方式，名古屋大学方式（ベックの影響が濃い），慶應義塾大学方式（解釈にラパポート方式を採用し，精神分析の立場をとっている），包括システムなど

● 理解を深めるための参考書籍――――――――――――――――――――――

1. 小川俊樹・伊藤宗親（2015）．投影査定心理学特論　一般財団法人放送大学教育振興会
2. ボーランダー，K.　高橋依子（訳）（1999）．樹木画によるパーソナリティの理解　ナカニシヤ出版
3. 山中康裕（編）（1984）．中井久夫著作集別巻　H・NAKAI 風景構成法　岩崎学術出版社
4. 秦　一士（2010）．P-F スタディアセスメント要領　北大路書房
5. 片口安史（1987）．改訂新・心理診断法　金子書房

表 7-3　片口式スコアリング表（例：30 歳代　女性　公務員）

Basic Scoring Table

Location

Location		+	+-	-+	-	nonF	Total	%	Add.
W	W		7	4			12	50%	1
	Wcut		1						
	DW								
D	D		7				8	33%	
	d.		1						
Dd	dd			2			3	13%	
	de								
	di								
	dr			1					
S			1				1	4%	1
Total R			17	7			24		

Determinant

Determinant		+	+-	-+	-	nonF	Total	%	Add.
F			1	2			3	13%	
M			6				6		1
FM			4				4		
Fm.			1	2			3		1
m(mF,m.)									3
k(Fk.,kF.,k.)									
FK			2	1			3		1
K(KF,K)									2
Fc.									
c(cF.,c.)									1
FC'			1				1		4
C'(C'F,C')									1
FC	FC		1	1			2		1
	F/C								
CF	CF		1	1			2		3
	C/F								
C	C								
	Cn								
	Csym								
Cp	FCp								
	CpF								
	Cp								
Total R			17	7			24		

Content

Content		Freq	Total	%	Add.
H	H	5			
	(H)		6	25%	
	Hd				
	(Hd)	1			
A	A	3			
	(A)	2	6	25%	
	Ad	1			
	(Ad)				
At	Atb				
	Ats		0		
	X-ray				
	A.At				
Sex					
Anal					
Aobj					
Pl.f		1	1		
Pl		1	1		1
Na		1	1		2
Obj		2	2		1
Arch					
Map		1	1		
Lds		1	1		
Art		1	1		
Abst					
Bl					
Cl					
Fire					2
Expl					
Food		1	1		
Music		1	1		1
Cloth		1	1		6
Mask					
クリスマスツリー		1	1		
闇					1
Total R			24		

表7-4　Summary Scoring Table

R(total response)	24		W : D	12 : 8	M : FM	6.5 : 4	
Rej （Rej/Fail）	（0/0）		W%	50.0%	F%/ Σ F%	13%	92%
TT(total time)	11 分 19 秒		Dd%	12.5%	F+%/ Σ F+%	33%	73%
RT （Av.）	1 分 8 秒		S%	4.2%	R+%	67%	
R₁T （Av.）	6 秒		W : M	12 : 6.5	H%	25%	
R₁T （Av.N.C)	5.6 秒	E.B	M : Σ C	6.5 : 4.75	A%	25%	
R₁T （Av.C.C)	6.4 秒		FM+m : Fc+c+C'	9 : 5	At%	0%	
Most Delayed Card & Time	Ⅸ　11 秒		V Ⅲ +IX+X/R	33%	P(%)	5	21%
Most Disliked Card	Ⅰ		FC : CF+C	2.5 : 3.5	Content Range	13	
			FC+CF+C : Fc+c+C'	6 : 5	Determinant Range	8	

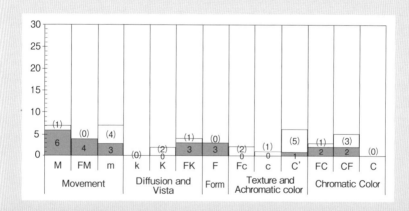

図 7-11　サイコグラム

第 8 章

体験を通して学ぶ

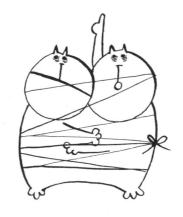

　臨床心理学の基本態度は，臨床態度である。臨床心理アセスメントを行うときもその姿勢は一貫して続く。また，実践の学問ということは，実践を通して自ら学ぶ姿勢をも意味している。心理検査を習得する第一段階は，まず自分自身が心理検査を体験してみることからはじまる。

1　矢田部ギルフォード性格検査（ＹＧ性格検査）

　もともとは，1940年代に米国のギルフォード（Guilford, J. P.）らが，ギルフォード人格目録，ギルフォード・マーチン人格目録，ギルフォード・マーチン人事調査目録の三種類の性格検査（合計13の尺度からなる）を考案した。それを基礎にして，日本では矢田部達郎らによって，各10項目からなる12尺度の性格検査として作成された。日本の代表的な質問紙形式の性格検査法であり，実施・採点が簡単かつ客観的であり，解釈のしやすさからさまざまな場面で利用されている。

［1］実施方法

　検査者は，検査の注意事項・回答の記入の仕方を説明し，練習問題を実施する。本検査では，検査者が質問項目を読み上げ，回答を求める。120問あり，おおよその実施時間は40分以内である。検査問題についての質問は受けつけないので，質問事項の意味がよくわからない場合は，△印をつけさせる。

［2］結果の処理

①粗点の算出：○印は2点，△は1点として，D, C, I, N, O, Co, Ag, G, R, T, A, S の各因子ごとに粗点を計算して記入する。この場合，●▲は採点しない。
②粗点をプロフィールに打点する：因子ごとにプロフィールに打点する。各因子は上下2列に数字が印刷されているが，男子は上のゴシック体の数字に，女子は下のイタリック体の数字に打点する。
③プロフィールを描く。
④系統値の算出：A系統，B系統，C系統，D系統，E系統。図8-1を参照。
⑤判定基準によって型を判定：「YG数量的記号判定早見表」（表8-1）を参照。

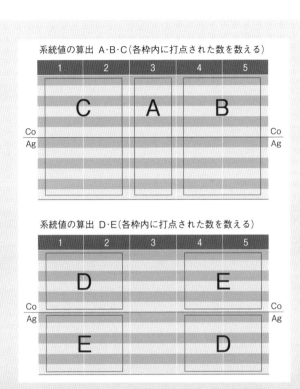

図 8-1　系統値の算出

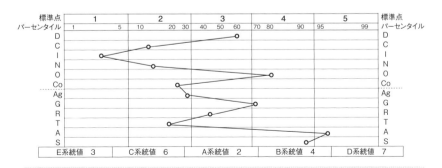

| E系統値　3 | C系統値　6 | A系統値　2 | B系統値　4 | D系統値　7 |

図 8-2　YG 性格プロフィール例　35 歳　女性　D′型

⑥5種類（A型：平均　B型：不安定積極　C型：安定消極　D型：安定積極　E型：不安定消極）および15型の性格特徴を把握する。分類しえないプロフィールはF型（疑問型）とする。

[3] 解　釈
①プロフィールの特徴から12尺度の性格特性を解釈する（表8-2）。
②15類型のなかから該当する型の性格特徴を把握する（表8-3）。

　現在YG性格検査は，企業の人事や教育機関において，集団用の性格検査として単独で用いられることが多い。しかし個人を対象にした臨床の場では，この検査だけを用いることは稀で，投映法を主体にしたテストバッテリーに組み込まれることが多い。この検査の特徴として，判定や結果は客観的であるが，主目的は性格分類であり，クライエントの個別の条件にまで対応することは少ない。また，質問紙法共通の課題でもある「反応の歪曲」という問題がある。個人の内省による自記式の検査という特徴は，受検者が自分に都合の良い方向に，意識的または無意識的に回答を歪める可能性がある。MMPIやMPIのように，受検者の検査に対する構えや態度をみるための工夫はされていないので，その点に留意して解釈する必要がある。

　YG性格検査の回答は，クライエントが自分の主観的体験や行動傾向を自照して報告したものであるということは，クライエントが「神経質である」に○印をつけた場合，厳密には「自分は『神経質である』と思っている」と答えたことになる。したがって意識的または無意識的な歪曲が行われていなくとも，とりわけ臨床場面では，クライエントの実際と異なる回答がでやすい。しかし精神障害患者の病識の欠如や，パーソナリティ障害のクライエントの反社会的行動などは，自己認識（心的現実）と事実（客観的現実）の「不一致」「解離」と考えるならば，この「不一致」や「解離」こそ，クライエントの不適応状態や問題行動を引き起こしているとも考えられる。こうした「不一致」が起きやすい臨床場面では，この検査の結果をクライエントの心的事実として受けとめ，そのうえで客観的情報と対比し解釈していく姿勢も大事である。

表 8-1　ＹＧ数量的記号判定早見表 (中井, 1975)

典型			準型		
記号分類	最大系統値	判定	記号分類	最大系統値	判定
A	単純最大　9 以上	A 型	A	単純最大　8 の場合	A' 型
B	単純最大　8 以上	B 型	B	単純最大　6, 7 の場合	B' 型
C	単純最大　7 以上	C 型	C	単純最大　6 の場合	C' 型
D	単純最大　9 以上	D 型	D	単純最大　6, 7, 8 の場合	D' 型
E	単純最大　9 以上	E 型	E	単純最大　6, 7, 8 の場合	E' 型
混合型					
A : B	同数最大　6 : 6 　　　　　5 : 5	B' 型 AB 型	A	A が 7, 6, 5 で, 他系統が 4 以下	A" 型
A : C	同数最大　6 : 6 　　　　　5 : 5	C' 型 AC 型	A	A が 7, 6, 5 で, 他系統が 5 の場合 例 … 他系統値　B5 　　　　　　　C5 　　　　　　　D5 　　　　　　　E5	AB 型 AC 型 AD 型 AE 型
A : D	同数最大　6 : 6 　　　　　5 : 5	AD 型			
A : E	同数最大　6 : 6 　　　　　5 : 5	AE 型			
B : D	同数最大 すべての場合	AB 型			
B : E	同数最大 すべての場合	B' 型	A	A が 7, 6, 5 で, 他系統が次の場合 　B : C = 5 : 5 　B : D = 5 : 5	AB 型
C : D	同数最大 すべての場合	AC 型			
C : E	同数最大 すべての場合	C' 型	A	C : D = 5 : 5 　C : E = 5 : 5	AC 型

表 8-2　YG12 の性格特性

D	抑うつ性	陰気, 悲観的気分, 罪悪感の強い性質
C	回帰性傾向	著しい気分の変化, 驚きやすい性格
I	劣等感	自信の欠乏, 自己の過小評価, 不適応感が強い
N	神経質	心配性, 神経質, ノイローゼ気味
O	客観的でない	空想的, 過敏性, 主観的
Co	協調的でない	不満が多い, 人を信用しない性質
Ag	愛想の悪い	攻撃的, 社会的活動性, ただしこの性質が強すぎると社会的不適応になりやすい
G	一般的活動性	活発な性質, 身体を動かすことが好き
R	のんきさ	気軽な, のんきな, 活発, 衝動的な性質
T	思考的外向	非熟慮的, 瞑想的および反省的の反対傾向
A	支配性	社会的指導性, リーダーシップのある性質
S	社会的外向	対人的に外交的, 社交的, 社会的接触を好む傾向

2　エゴグラム　新版 TEG II

　エゴグラムとは，米国の精神科医バーン（Berne, E.）によって創始された
「交流分析」の理論を背景にしてつくられた検査である。交流分析の構造分析
では，人はみな内部に3つの部分（自我状態），親の自分 Parent P，大人の自
分 Adult A，子どもの自分 Child C，をもっているとしている。P は幼いとき
親から教えられた態度や行動，A は事実に基づいて物事を判断しようとする
理性的な部分，C は子どもの頃の状態のように本能や感情そのままの部分であ
る。さらに P, A, C は，父親のような批判的親 CP（Critical Parent），母親の
ような養育的な親 NP（Nurturing Parent），事実に基づいて物事を判断する
理性 A，もって生まれたままの自由な子ども FC（Free Child），「いい子ちゃ
ん」になろうとする順応した子ども AC（Adapted Child）の5つに区分され，
自我状態がどのように機能しているかを分析する。P, A, C はバランスを保っ
ているのが望ましいともいえるが，実際には人により，いずれかが強く反応し
たりする。

　エゴグラムとは，自分の各自我へのエネルギーの割り振りを視覚的（エネル
ギー量を棒グラフで示す）に把握し，対人関係におけるあり方などを明らかに
するため，バーンの弟子であるデュセイ（Dusay, J. M.）が考案した。しかし
彼のエゴグラムは，直感に従って描かれたものであり，後に 1979 年ハイヤー
（Heyer, N. R.）が質問紙法のエゴグラムを発表した。いろいろな種類のエゴグ
ラムが開発されているが，TEG（Tokyo University Egogram）は元東京大学
医学部心療内科の末松弘行らによって 1984 年開発されたエゴグラムである。
その後新版 TEG，新版 TEG II，TEG3 と改訂されている。

[1]　実施方法

　質問内容は，CP, NP, A, FC, AC それぞれについて 10 の質問と，妥当性を
みるための L の3問の計 53 問（TEG II）からなる。それぞれの質問に「はい」
「どちらでもない」「いいえ」のどれかに○をつける。なるべく「はい」「いいえ」
で答えるようにしてもらう。

表 8-3　YG15 類型の主な性格特徴	
A 型	全体的にバランスのとれた調和的性格，特に目立った問題傾向なし。
A' 型／A'' 型	A 型同様平均的タイプ。標準点 1,2 あるいは 4,5 にどんな尺度があるかを加味。
B 型	情緒不安定，社会的不適応感，活動的・外交的特徴。パーソナリティの不均衡が現れやすい。環境的・素質的に不利なことが発生すると，標準点の 4,5 にある尺度の性格特徴の問題傾向が現れやすくなる。積極的・外交的部分をよい方向にむければ，リーダーシップを発揮し，物事を推し進める力がある。
B' 型	B 型より標準点 1,2 にある尺度が増え，情緒や行動面でやや落ち着きある傾向。
AB 型	B や B' 型に比べ，その性格特徴が薄くなったタイプ。しかし A よりは B の性格特徴が現れやすい。
C 型	おとなしく消極的だが，情緒的に非常に安定している。非活動的・内向的だが，確実性・堅実性が高い。
C' 型	標準点 3,4,5 に粗点の位置が増え，C よりも活動的・外向的な面がある。
AC 型	C や C' に比べ，その性格特徴が薄くなったタイプ。しかし A よりは C の性格特徴が現れやすい。
D 型	情緒的に安定し，社会適応もよく，活動的で対人関係も良好。
D' 型	D よりは，情緒的不安定や非活動的な面が現れる傾向がある。
AD 型	D や D' に比べ，その性格特徴が薄くなったタイプ。しかし A よりは D の性格特徴が現れやすい。
E 型	情緒的に不安定で，非活動的・内向的タイプ。不適応感を抱きやすい。
E' 型	E よりは情緒的に安定し，活動的な面が現れる。
AE 型	E や E' に比べ，その性格特徴が薄くなったタイプ。しかし A よりは E の性格特徴が現れやすい。

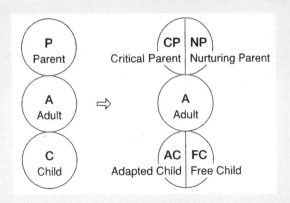

図 8-3　自我状態（東京大学医学部心療内科，1995）

［2］結果の処理

①「はい」2点,「どちらでもない」1点,「いいえ」0点として計算し, CP
　からLまで因子ごとの得点をつける。

②CP　NP　A　FC　AC各得点の棒グラフを描く。

③5本の棒が, TEGエゴグラムを表している。

④Lは棒グラフにしない。「どちらでもない」と答えた数の合計Qとともに,
　受検者の検査への構えや態度の参考にする。

［3］解　釈

　5本の棒のうち, 一番高い因子と一番低い因子を中心に解釈をしていく（図
8-4を参照）。

　解釈においては, 正常や異常を判断する物ではなく, 本来は「良い, 悪い」
もない。エゴグラムはその人らしさと考える。たとえば, 入社試験に用いた場
合, 入社後の配置を決める際の適材適所に活用し, 医療やカウンセリングにお
いては,通常はクライエントにフィードバックしてともに考えるのが望ましい,

表8-4　各尺度の特徴は？

尺度	プラス面は？	マイナス面は？
CP	理想追求 責任感が強い 規律を守る	あら探し 威圧的 とがめる
NP	世話好き 思いやり 優しい	過干渉 過保護 甘やかし
A	理性的 客観的 冷静沈着	情熱がない 打算的 冷徹
FC	自由奔放 創造的 直感的	わがまま 軽はずみ 衝動的
AC	いい子ちゃん 従順 自己犠牲	自主性がない 遠慮がち ひねくれ

（各尺度の得点が高い場合の解釈）

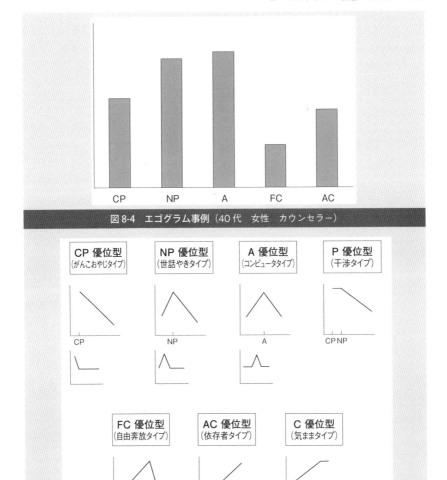

図8-4　エゴグラム事例（40代　女性　カウンセラー）

図8-5　エゴグラム・パターン（東京大学医学部心療内科，1995）

1つの尺度が極端に高い値を示す「優位型」では，高い自我状態の働きをエゴグラムが純粋に表現しているが，複数の尺度が高い「混合型」では各自の状態が相互に影響を与え合う「連動」が機能し，各自の状態の独立した働きは抑えられ，その特徴が複合して現れる傾向にある。エゴグラム・パターンを読む場合は，「連動」という概念をさらに精密かつダイナミックに導入し，解釈を進めていくことが大切な課題となる。

としている。TEG のパターンは，一種の個性と考えてそのままで活用したり，自分の姿を客観的に見て，自己理解を深め，そのうえで自己修正するときに活用したりする。またそれぞれの尺度のプラス面やマイナス面を総合的に眺めるなど，柔軟な解釈やパターン活用が必要とされる。

3　描画法　風景構成法

中井久夫によって創案された描画法である。当初，中井は統合失調症患者との言語交流の可能性を追求する補助手段として，非言語的手法の描画によるイメージ表現に着目した。その後，河合隼雄との会話のなかの箱庭療法からヒントを得て「枠付け法」を考案した。また箱庭という三次元空間における風景を，描画という二次元空間における風景へと変換したとも考えられる。現在，臨床実践領域における普及度は，バウムテストとともに非常に高い。

アセスメントとして用いられるだけでなく，箱庭療法や絵画療法と同じように，クライエントが表現することを受けとめること，セラピストとクライエントの関係性が重要である。カウンセリングや心理療法のどのようなときに，どのように風景構成法を導入するのか，描かれていく過程と描かれた作品をセラピストがいかに引き受けていくかについて，一般的なマニュアルはないとされている。個々の臨床家の臨床観にゆだねられる。

[1]　実施方法

①描き手の目の前で，検査者は画用紙（A4 判が望ましい）の周囲を黒のサインペンで枠づけをしながら，次の教示を与える。

②「今から私がいうものを一つずつ描き込んで，全体を一つの風景にしてください。うまい下手は関係ありませんし，やりたくなくなったらそう言ってください」。枠づけされた画用紙を横向きにして手渡し，使った黒のサインペンを手渡す。

③「最初に川を描いてください」という内容を告げて，以降順に各アイテムを，描き手のペースに寄り添うように告げていく。この提示順序は厳密に決まっている。

事例 A
50 歳代　女性
公務員

事例 B
20 歳代　男性
大学生

図 8-6　風景構成法事例　その 1

④川→山→田（んぼ）→道→家→木→人→花→生き物→石

⑤「それでは，描き加えたいと思うものや直したいと思うところがあれば，自由にして風景を仕上げてください」

⑥「では色を塗ってください。色塗りに順序はありませんから自由にやってください」。彩色用具は 24 色程度のクレヨンか色鉛筆かパステル（クーピーが使いやすいと思う）を準備しておく。

[2] 作品を鑑賞する

　彩色が終わると完成であるが，アセスメントとしてだけでなく治療関係を築く場合は特に，できあがった作品をしばらく二人で鑑賞することはとても大切である。両者ともにはじめて正位置で作品を眺める。眺めながら，お互いにたずねたいことや語りたいことが湧いてきたりする。検査後の質問は基本的には自由にしてよいが，たとえアセスメント場面であっても，臨床家としての姿勢がなければならない。描いてもらった各アイテムは，以下のような構成になる。

「川」から「道」：大景群　風景の構成がほぼ決まる

「家」から「人」：中景群　ほぼ定まった風景の構成に人間の営みを表す。

「花」から「石」：近景群　これらによって風景が豊かになっていく。

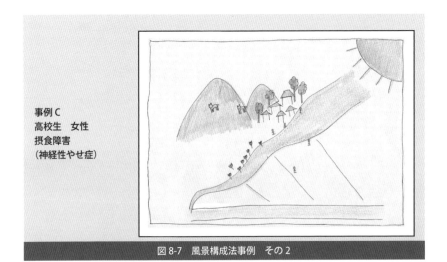

事例 C
高校生　女性
摂食障害
（神経性やせ症）

図 8-7　風景構成法事例　その 2

事例 D
20 歳代前半 女性
摂食障害
（神経性過食症）

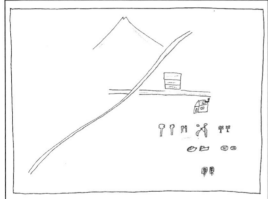

事例 E
40 歳代 女性
統合失調症

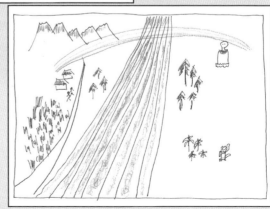

事例 F
50 歳代 男性
気分障害（双極 I 型）

図 8-8 風景構成法事例 その 3

4　内田クレペリン精神検査

　クレペリン（Krapelin, E.）は作業心理の実験的研究で連続加算法を用いて，人間の精神作業に関する研究を行い，「練習」「疲労」「慣れ」「興奮」「意志緊張」という作業の5因子を提唱した。そのクレペリンのもとに留学していた内田勇三郎は，連続加算法が性格検査として活用できるのではないかと考え，作業時間や休憩時間を工夫した。彼は，精神的に健康な人間が平常時に行った作業には一定の傾向が示されることを見出し，1分ごとの作業量をグラフ化し「健康者常態定型曲線」と名づけた。1933年，内田はクレペリンに尊敬の念をこめて，この検査を「内田クレペリン精神検査法」として発表した。

［1］実施方法

　検査用紙（一桁の数字が，横に幾行にもわたって印刷されている：標準用は横115字　縦34行），鉛筆のみの使用。

①簡単な一桁の足し算（図8-9参照）。

②練習欄で練習する。第一行目は，578654・・・の順序で数字が並んでいる。隣り合った2つの数字を足してその答えを2つの数字の間に書いていく。5と7を足すと12だが，記入するのは下一桁，一の位2だけ。以上のやり方で足し算を続けていく。

③今のようにやっていき，検査者に「はい，次」と言われたら，まだ数字が残っていても，その行はそこで止めて次の行に移る。そしてまた足し算を続けていく。「はい，次」の指示で，次々に下の行に移っていく。行をとばしたとき，途中で気がついてもそのままやり続け，とばした行はそのままにして，下に下に移っていく。

④本検査（前半）を実施する。「用意，始め」。60秒ごとに「はい，次」を14回繰り返し，15回目に「はい，止めて」の指示。この間15分間。

⑤5分間休憩する。受検者には「目を閉じて，周囲の人間と話をしないで，休憩をきちんと取るよう」に伝える。

⑥前と同じ要領で後半を実施する。60秒ごとに「はい，次」を15回繰り返し，16行目を10秒で「はい，止めて鉛筆を置いて」と指示する。検査を終了する。

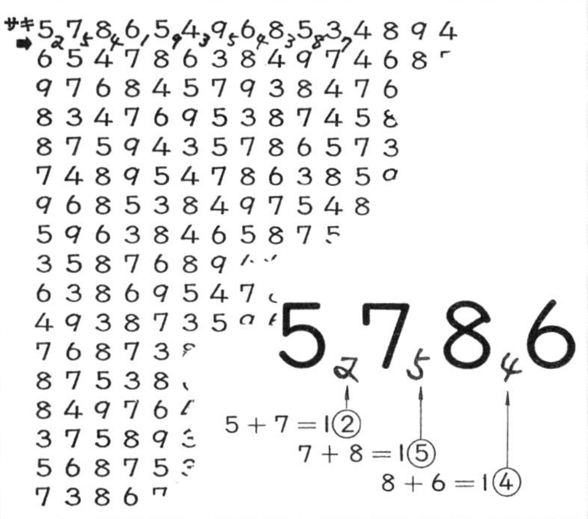

図8-9 内田クレペリン精神検査

表8-5 内田クレペリン精神検査

区分	Ⓐ段階	A段階	B段階	C段階	D段階
前期範囲	55以上	40〜55	25〜40	10〜25	10以下
後期範囲	65以上	45〜65	30〜45	15〜30	15以下
「知能」「仕事の処理能力」「積極性」「活動のテンポ」「意欲」「気働き」などの面	水準が高い	不足はない	いくらか不足	かなり不足	はなはだしく不足

[2] 結果の処理

①各行における加算作業の最終到達点を線で結ぶ。

②この曲線（プロフィール）をみる。

③次の点から，曲線の定型・非定型を判定する。

　　全体の作業量の水準

　　曲線の型

　　誤りの量や現れ方

[3] 解　　釈

①「定型（健常者常態定型）」曲線：

　内田勇三郎によれば，定型曲線を示す人とは，心的活動の調和や均衡がよく
保たれ，種々の行動場面でそれにふさわしい適切な行動をとることができる。
しかし平均的な人ということではない。

②作業量について（作業量の水準表）

③非定型曲線

　　誤答が多発する

　　楔　形の大きな落ち込み

　　数箇所の大きい突出

　　曲線の激しい動揺

　　曲線の動揺の欠如

　　後期作業量の下落

　　休憩効果がまったくなく，大きな落ち込み

　　作業量の著しい不足

④曲線類型判定

　　Ⓐ：6類型

　　A：6類型

　　B：5類型

　　C：4類型

　　D：2類型

　　fp

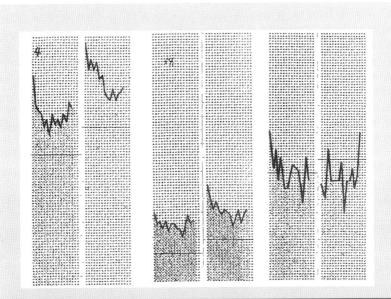

図 8-10　内田クレペリン精神検査（日本・精神技術研究所，1975）

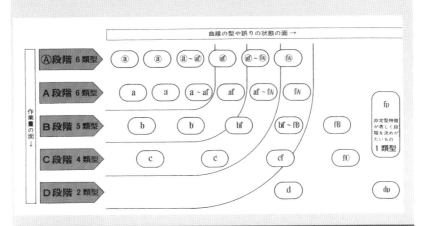

図 8-11　曲線類型判定（日本・精神技術研究所，1975）

引用・参考文献

【第1章】

藤永　保・三宅和夫・山下栄一・依田　明・空井健三・伊沢秀而（編）(1979)．臨床心理学　テキストブック心理学（7）　有斐閣

福島哲夫・尾久裕紀・山蔦圭輔・望月　聡・本田周二（編）(2020)．公認心理師必携テキスト　改訂第2版　学研プラス

片口安史 (1956)．心理診断法　ロールシャッハ・テスト　牧書店

河合隼雄（監修）(1995)．臨床心理学1　原理・理論　創元社

河合隼雄 (2001)．連続講座　臨床心理学―見立てと援助，その考え方―　臨床心理学，**1**, 93-100.

国立研究開発法人国立精神・神経医療研究センター　精神衛生資料　https://www.ncnp.go.jp/mental-health/information/05.html

Korchin, S. J. (1976). *Modern clinical psychology*. New York: Basic Books.（コーチン，S. J.　村瀬孝雄（監訳）(1980)．現代臨床心理学　弘文堂）

公認心理師法　https://www.mhlw.go.jp/stf/seisakunitsuite/bunya/0000116049.html

日本臨床心理士会 (2009)．第5回「臨床心理士の動向ならびに意識調査」報告書　日本臨床心理士会

日本心理研修センター　http://shinri-kenshu.jp/guide.html

日本心理臨床学会倫理基準　第3条　https://www.ajcp.info/pdf/rules/0502_rules.pdf

日本臨床心理士会倫理綱領　http://www.jsccp.jp/about/pdf/sta_5_rinrikoryo0904.pdf

沼　初枝・秋山　剛 (2007)．医療場面における心理アセスメントの実際　森田美弥子（編）　現代のエスプリ別冊　臨床心理査定研究セミナー　至文堂　pp. 161-174.

臨床心理研究　https://www.ncnp.go.jp/nimh/pdf/research01.pdf

佐々木正宏・大貫敬一 (2002)．カウンセラーの仕事の実際　培風館

下山晴彦 (1998)．初回面接の背景―初回面接を多元的に理解するために　東京大学教育研究科心理教育相談室紀要，**20**, 59-73.

下山晴彦 (2005)．連続講座　アセスメントのすすめ方　臨床心理学，**5**, 98-105.

下山晴彦・中嶋義文（編）(2016)．公認心理師必携　精神医療・臨床心理の知識と技法　医学書院

下山晴彦・丹野義彦（編）(2001)．講座　臨床心理学1　臨床心理学とは何か　東京大学出版会

Sundberg, N. D., & Tyler, L. E. (1962). *Clinical psychology*. New York: Appleton- Century-Crofts.

高橋雅春 (1996)．心理臨床の課題と方法　岡堂哲雄（編）　新版心理臨床入門　新曜社　pp. 11-23.

第1章に掲載した研究者写影は以下のホームページアドレスから転載しました。

ウィットマー，L.　http://psychology.wikia.com/wiki/Lightner_Witmer

ジャネー，P.　http://psiconet.org/otros/janet.htm

フロイト，S.　http://en.wikipedia.org/wiki/Sigmund_Freud

ワトソン，J. B.　http://www.nndb.com/people/078/000030985/

アイゼンク，H. J.　http://freespace.virgin.net/darrin.evans/

ウォルピ，J.　http://www.wolpe.it/contenuti/

【第2章】

American Psychiatric Association (2000). *Diagnostic and statistical manual of mental disorders*. 4th ed. Text Revision: DSM-IV-TR. Washington, DC: American Psychiatric Association.（高橋三郎・大野　裕・染矢俊幸（訳）(2004)．DSM-IV-TR　精神疾患の診断・統計マニュアル

新訂版 医学書院）

American Psychiatric Association（2013）．*Diagnostic and statistical manual of mental disorders* (5th ed.). Washington, DC: American Psychiatric Publishing.（日本精神神経学会（日本語版用語監修） 高橋三郎・大野 裕（監訳）（2014）．DSM-5 精神疾患の診断・統計マニュアル 医学書院）

笠原 嘉（1997）．改訂版 予診・初診・初期治療 診療新社

河合隼雄（監修）（1991）．臨床心理学 2 アセスメント 創元社

厚生労働省（2007）．子ども虐待対応手引き https://www.mhlw.go.jp/bunya/kodomo/dv12/13.html

McGoldrick, M., Gerson, R., & Shellenberger, S.（1999）．*Genograms assessment and intervention.* W. W. Norton.（マクゴールドリック，M. 他 石川 元・佐野祐華・劉イーリン（訳）（2009）．ジェノグラム（家系図）の臨床 ミネルヴァ書房）

Michael, B. F., Robert, L. S., Miriam, G., & Janet, W. W.（1997）．*Structured clinical interview for DSM-IV axis disorders.* Biometrics Research Department.（高橋三郎（監修） 北村俊則・岡野禎治（監訳）（2003）．精神科診断面接マニュアル（SCID）使用の手引き・テスト用紙 日本評論社）

森田美弥子・金子一史（編）（2014）．心の専門家養成講座 1 臨床心理学実践の基礎その 1―基本姿勢からインテーク面接まで ナカニシヤ出版

仲 真紀子（編著）（2016）．子どもへの司法面接―考え方・進め方とトレーニング 有斐閣

中村伸一（2002）．ジェノグラムの書き方：最新フォーマット 家族療法研究，**19**（3），57–60.

中村伸一（1997）．家族療法の視点 金剛出版

沼 初枝（2014）．心理のための精神医学概論 ナカニシヤ出版

生地 新（2003）．評価と診断の実際 上林靖子・齊藤万比古・北 道子（編） 注意欠陥／多動性障害―AD/HD―の診断・治療ガイドライン じほう pp. 17–23.

山中康裕・伊藤良子（2001）．特集初回面接と見立て 臨床心理学 第 1 巻 3 号

World Health Organization（1992）．*The ICD-10 classification of mental and behavioural disorders: Clinical descriptions and diagnostic guidelines.* Geneve: World Health Organization.（融 道男・中根允文・小見山 実・岡崎祐士・大久保善朗（監訳）（2005）．ICD-10 精神および行動の障害―臨床記述と診断ガイドライン 新訂版 医学書院）

【第 3 章】

Das, J. P., Naglieri, J. A., & Kirby, J. R.（1994）．*Assessment of cognitive processes: The PASS theory of intelligence.* Boston, MA: Allyn & Bacon.

Eysenck, H. J.（1977）．*You and neurosis.* Personality Investigations, Publications and Services.（アイゼンク，H. J. 塩見邦雄・岸本陽一（訳）（1982）．神経症はなおせる ナカニシヤ出版）

Guilford, J. P.（1959）．Three faces of intellect. *American Psychology,* **14**, 469–479.

伊藤裕子（2006）．Ⅳ-25 内的作業モデル 二宮克美・子安増生（編） キーワードコレクション パーソナリティ心理学 新曜社 pp. 104–107.

厚生労働省保険局医療課（編）（2020）．医科点数表の解釈 社会保険研究所

Kretschmer, E.（1955）．*Körperbau und Charakter: Untersuchungen zum Konstitutions Problem und zur Lehre von den Temperamenten.* Springer-Verlag.（クレッチマー，E. 相場 均（訳）（1955）．体格と性格―体質の問題および気質の学説によせる研究 文光堂）

中井久夫（1970）．精神分裂病者の精神療法における描画の使用―とくに技法の開発によって得られた知見について― 芸術療法，**2**，78–89.

二宮克美・大野木裕明・宮沢秀次（1986）．サイコロジー教養課程の心理学　協同出版

二宮克美・山本ちか・太幡直也・松岡弥玲・菅さやか（2015）．エッセンシャルズ心理学　福村出版

沼　初枝（2009）．医療診療報酬における臨床心理・神経心理検査—近年の動向と特徴—立正大学臨床心理学研究，**7**，23-30.

沼　初枝（2014）．心理のための精神医学概論　ナカニシヤ出版

小川俊樹（1992）．わが国における臨床心理検査の現状とその日米比較　筑波大学心理学研究，**14**，151-158.

小川俊樹・福森崇貴・角田陽子（2005）．心理臨床の場における心理検査の使用頻度について　日本心理臨床学会第 24 回発表論文集，263.

小塩真司（2010）．はじめて学ぶパーソナリティ心理学　ミネルヴァ書房

佐々木正宏・大貫敬一（2001）．適応と援助の心理学　援助編　培風館

高橋依子・津川律子（編著）（2015）．臨床心理検査バッテリーの実際　遠見書房

詫摩武俊・瀧本孝雄・鈴木乙史・松井　豊（2003）．新心理学ライブラリ 9　性格心理学への招待［改訂版］　サイエンス社

玉瀬耕治（2004）．性格　無藤　隆・森　敏昭・遠藤由美・玉瀬耕治（編）　心理学　北大路書房　pp. 213-234.

和田さゆり（1996）．性格特性用語を用いた Big Five 尺度の作成　心理学研究，**67**，61-67.

第 3 章に掲載した研究者写影は以下のホームページアドレスから転載しました．

キャッテル，J. M.　http://en.wikipedia.org/wiki/James_McKeen_Cattell

ビネー，A.　http://www.wagner.edu/departments/psychology/students

【第4章】

ADHD の診断・治療指針に関する研究会　齊藤万比古（編）（2006）．注意欠如・多動性症—ADHD—の診断・治療ガイドライン　第 4 版　じほう

上里一郎（監修）（2001）．心理アセスメントハンドブック第 2 版　西村書店

Ainsworth, M. D. S., Blehar, M. C., Waters, E., & Wall, S. (1978). *Patterns of attachment: A psychological study of strange situation.* Hillsdale, NJ: Erlbaum.

American Psychiatric Association (2013). *Diagnostic and statistical manual of mental disorders* (5th ed.). Washington, DC: American Psychiatric Publishing.（日本精神神経学会（日本語版用語監修）　高橋三郎・大野　裕（監訳）（2014）．DSM-5 精神疾患の診断・統計マニュアル　医学書院）

旭出学園教育研究所（編）（1975）．ITPA の理論とその活用　日本文化科学社

デュポール，G. J.・パワー，T. J.・アナストポウロス，A. D.・リード，R.（著）　市川宏伸・田中康雄（監修）（2008）．診断・対応のための ADHD 評価スケール　ADHD-RS［DSM 準拠］　明石書店

Frith, U. (1989). *Autism: Explaining the enigma.* Oxford: Blackwell.（冨田真紀・清水康夫（訳）（1991）．自閉症の謎を解き明かす　東京書籍）

生澤雅夫・松下　裕・中瀬　惇（2002）．新版 K 式発達検査法 2001　実施手引書　京都国際社会福祉センター

Kaufman, A. S., & Kaufman, N. L. (1983). *Kaufman Assessment Battery for Children* (*K-ABC*). American Guidance Service.（カウフマン，A. S.・カウフマン，N. L. 松原達哉・藤田和弘・前川久男・石隈利紀（訳）（2005）．K・ABC 心理教育アセスメントバッテリー解釈マニュアル　丸善メイツ）

Kaufman, A. S., & Kaufman, N. L.（2004）. *Kaufman Assessment Battery for Children.* 2nd ed. American Guidance Service.（カウフマン，A. S.・カウフマン，N. L. 日本版 KABC-II 制作委員会（2013）. 心理・教育アセスメントバッテリー 日本版 KABC-II 丸善出版）

川畑 隆（2009）. 新版 K 式発達検査 2001 を介在させた発達臨床 心理臨床研究，**7**，2-9. 京都学園大学付属心理教育相談室

Kirk, S. A., & Kirk, W. D.（1971）. *Psycholinguistic learning disabilities: Diagnosis and remediation.* The University of Illinois Press.（カーク, S. A. 三木安正・上野一彦・越智智子（共訳）（1974）. ITPA による学習能力障害の診断と治療 日本文化科学社）

Knobloch, H., & Pasamanick, B.（1974）. *Gesell and Amartruda's developmental diagnosis.* Harper & Row.（ノブロック，H.・パサマニック，B. 新井清三郎（訳）（1976）. 新発達診断学 日本小児医事出版社）

小林重雄（1991）. グッドイナフ人物画知能検査ハンドブック 三京房

小嶋謙四郎（1979）. ゲゼルの発達診断 空井健三（編） テキストブック（7）臨床心理学 有斐閣 p. 31.

松田 修・中谷三保子（2004）. 日本語版 COGNISTAT 検査マニュアル ワールドプランニング（＊絶版）

松本真理子・森田美弥子（編著）（2018）. 心の専門家養成講座 3 心理アセスメント―心理検査のミニマムエッセンス ナカニシヤ出版

森永良子・東 洋（監修）（2003）. TOM 心の理論課題検査法 文教資料協会

森岡由起子（2009）. 心理的検査等の適用と結果の理解 愛着の評価 齊藤万比古（編）子どもの心の診療シリーズ 1 子どもの心の診療入門 中山出版 pp. 147-155.

明翫光宜（2015）. 児童期（教育場面） 高橋依子・津川律子（編著） 臨床心理検査バッテリーの実際 遠見書房 p. 62.

Naglieri, J. A., & Das. J. P.（1997）. *DAS・NAGLIERI Cognitive Assessment System.* Riverside Publishing.（日本版作成 前川久男・中山 健・岡崎慎治（2007）. 日本版 DN-CAS 実施・採点マニュアル 理論と解釈のためのハンドブック 日本文化科学社）

佐藤至子（2009）. 心理検査の組み立てとその意義 齊藤万比古（編） 子どもの心の診療シリーズ 1 子どもの心の診療入門 中山出版 pp. 126-132.

ショプラー，E.・ライクラー，R. J.・ラナー，B. R.（著） 佐々木正美（監訳）（2008）. 新装版 CARS 小児自閉症評定尺度 岩崎学術出版社

嶋津峯眞（監修）生澤雅夫（編著）（1985）. 新版 K 式発達検査法―発達検査の考え方と使い方 ナカニシヤ出版

田中教育研究所（編）杉原一昭・杉原 隆（監修）（2003）. 田中ビネー知能検査V 実施マニュアル，採点マニュアル，理論マニュアル 田研出版

上野一彦・松田 修・小林 玄・木下智子（2015）. 日本版 WISC-IV による発達障害のアセスメント―代表的な指標パターンの解釈と事例紹介 日本文化科学社

ウェクスラー，D. 著 日本心理適性研究所（訳編）（1969）. WPPSI 知能診断検査手引き 日本文化科学社

Wechsler, D.（1997）. *The Wechsler Adult Intelligence Scale.* 3rd ed. San Antonio, TX: Harcourt Assessment.（ウェクスラー，D. 日本版 WAIS-III 刊行委員会（訳編）（2006）. 日本版 WAIS-III 実施・採点マニュアル，理論マニュアル 日本文化科学社）

Wechsler, D.（2003）. *Wechsler Intelligence Scale for Children.* 4th ed. Pearson.（ウェクスラー，D. 日本版 WISC-IV 刊行委員会（訳編）（2010）. WISC-IV 知能検査 日本文化科学社）

Wechsler, D.（2008）. *Wechsler Adult Intelligence Scale.* 4th ed. Pearson.（日本版 WAIS-IV 刊行

委員会（訳編）（2018）．WAIS-IV 知能検査　日本文化科学社）

World Health Organization（1992）．*The ICD-10 classification of mental and behavioural disorders: Clinical descriptions and diagnostic guidelines.* World Health Organization.（融道男・中根允文・小見山　実・岡崎祐士・大久保善朗（監訳）（2005）．ICD-10 精神および行動の障害―臨床記述と診断ガイドライン　新訂版　医学書院）

【第 5 章】

安部光代・鈴木匡子・岡田和枝他（2004）．前頭葉機能検査における中高年健常日本人データの検討―Trail Making Test，語列挙，ウィスコンシンカード分類検査（慶応版）　脳と神経，**56**，567–574.

上里一郎（監修）（2001）．心理アセスメントハンドブック　第 2 版　西村書店

ベントン，A. L.（著）高橋剛夫（訳）（2010）．新訂版視覚記銘検査日本語版使用手引　三京房

Folstein, M. F., Folstein, S. E., & McHugh, P. R.（1975）．Mini-mental state: A practical method for grading the cognitive state of patients for clinicians. *Journal of Psychiatric Research*, **12**, 189–198.

加藤伸司・下垣　光・小野寺敦志・植田宏樹・老川賢三・池田一彦・小坂敦二・今井幸充・長谷川和夫（1991）．改訂長谷川式簡易知能評価スケール（HDS-R）の作成　老年精神医学雑誌, **2**, 1339–1347.

小海宏之（2018a）．記憶に関連する検査② ベントン視覚記銘検査　松本真理子・森田美弥子（編著）心の専門家養成講座 3　心理アセスメント―心理検査のミニマムエッセンス　ナカニシヤ出版　pp. 162–163.

小海宏之（2018b）．視空間認知機能に関連する検査① ベンダー・ゲシュタルト・テスト　松本真理子・森田美弥子（編著）心の専門家養成講座 3　心理アセスメント―心理検査のミニマムエッセンス　ナカニシヤ出版　pp. 154–155.

小海宏之（2019）．神経心理学的アセスメント・ハンドブック　第 2 版　金剛出版

小山充道（編著）（2008）．必携臨床心理アセスメント　金剛出版

Lezak, M. D.（1995）．*Neuropsychological assessment.* 3rd ed. Oxford University Press.（レザック，M. D. 鹿島晴雄（総監修）（2005）．レザック神経心理学的検査集成　創造出版）

森　悦朗・三谷洋子・山鳥　重（1985）．神経疾患患者における日本語版 Mini-Mental State テストの有用性　神経心理学，**1**，82–90.

日本医療機能評価機構　Mains ガイドラインライブラリー　TMT 練習用紙　https://minds.jcqhc.or.jp/n/med/4/med0038/G0000109/0054

日本脳卒中データバンク Website　修正版慶應版 Wisconsin Card Sorting Test　http://strokedatabank.ncvc.go.jp/archive/

沼　初枝（2014）．心理のための精神医学概論　ナカニシヤ出版

高橋省己（2018）．ベンダー・ゲシュタルト・テスト：ハンドブック 増補改訂版　三京房

Wilson, B. A., Aldermann, N., Burgess, P. et al.（1996）．Behavioral Assessment of the Dysexecutive Syndrome. Thames Valley Test Company.（ウィルソン，B. A. 鹿島晴雄（監訳）（2003）．BADS　遂行機能障害症候群の行動評価　日本版　新興医学出版社）

【第 6 章】

安部満洲（1994）．カウンセラーのための MMPI コードブック　三京房

Dusay, J. M.（1977）．*Egograms: How I see you and you see me.* New York: Harper & Row.（デュセイ，J. M. 池見酉次朗（監修）新里里春（訳）（2000）．新装版 エゴグラム　創元社）

エドワーズ，A. L.　肥田野　直・岩原信九郎・岩脇三良・杉村　健・福原真知子（訳編）（1970）．EPPS 性格検査手引き　日本文化科学社

藤永　保・三宅和夫・山下栄一・依田　明・空井健三・伊沢秀而（編）（1979）．臨床心理学　テキストブック心理学（7）　有斐閣

林　潔（1988）．Beck の認知療法を基とした学生の抑うつについての処置　学生相談研究，**9**, 97–107.

林　潔・瀧本孝雄（1991）．学生の抑うつ傾向の検討　カウンセリング研究，**20**, 162–169.

金久卓也・深町　建（1983）．CMI コーネル・メディカル・インデックスその解釈と資料　改訂版　三京房

金久卓也・深町　建・野添新一（2001）．CMI　コーネル・メディカル・インデックスその解釈と資料　改訂増補版　三京房

厚生労働省　職業性ストレス簡易調査票　https://stresscheck.mhlw.go.jp/download/material/sc23.pdf

MMPI 新日本版研究会（編）（1993）．MMPI 新日本版実施マニュアル　三京房

MPI 研究会（編）（1964）．日本版モーズレイ性格検査手引き　誠信書房

MPI 研究会（編）（1969）．新・性格検査法　誠信書房

日本 MMPI 研究会（編）（1973）．日本版 MMPI ハンドブック　三京房

Spielberger, C. D. (1966). *Anxiety and behavior*. New York: Academic Press.

Spielberger, C. D., Gorsuch, R. L., & Lushene, R. E. (1970). *Manual for State-Trait Anxiety Inventory* (*Self-evaluation questionnaire*). Palo Alto, CA: Consulting Psychologist Press.

東京大学医学部心療内科 TEG 研究会（編）（2006a）．新版 TEG II 実施マニュアル　金子書房

東京大学医学部心療内科 TEG 研究会（編）（2006b）．新版 TEG II 解説とエゴグラム・パターン　金子書房

津川律子（2009）．精神科臨床における心理アセスメント入門　金剛出版

辻岡美延（1965）．新性格検査法　竹井機器工業

辻岡美延（2000）．新性格検査法—YG 性格検査　応用・研究手引き　日本心理テスト研究所

Weiss, D. S., & Marmar, C. R. (1997). The Impact of Event Scale-Revised. In J. P. Wilson, T. M. Keane (Eds.), *Assessing psychological trauma and PTSD*. New York: The Guilford Press. pp. 399–411.（東京都精神医学総合研究所作成（2001）．IES-R（改訂出来事インパクト尺度）厚生労働省精神・神経疾患研究委託費外傷ストレス関連障害の病態と治療ガイドラインに関する研究班（編）心的トラウマの理解とケア　じほう　pp. 239–240.）

横山和仁・荒記俊一（1994）．日本版 POMS　金子書房

【第7章】

馬場礼子（1973）．投影法における投影水準と現実行動との対応　片口安史・秋山誠一郎・空井健三（編）臨床心理学講座　第2巻　人格診断　誠信書房　pp. 119–135.

Bolander, K. (1977). *Assessing personality through tree drawing*. New York: Basic Books.（ボーランダー，K. 高橋依子（訳）（1999）．樹木画によるパーソナリティの理解　ナカニシヤ出版）

Hammer, E. (1969). Hierarchical organization of personality and the H-T-P, achromatic and chromatic. In J. Buck, & E. Hammer (Eds.), *Advances in the House-Tree-Person technique: Variations and application*. Los Angels, CA: Western Psychological Service.

秦　一士（2010）．P-F スタディアセスメント要領　北大路書房

Hulse, W. C. (1951). The emotionally disturbed child draws his family. *Qualt Journal of Child Behavior*, **3**, 152–174.

Hulse, W. C. (1952). Childhood conflict expressed through family drawings. *Journal of Projective Techniques,* **16**, 66–79.

片口安史（1987）．改訂　新・心理診断法　金子書房

川瀬正裕・松本真理子・松本英夫（2006）．心とかかわる臨床心理［第2版］ナカニシヤ出版

川瀬正裕・松本真理子・丹治光浩（2008）．これからを生きる心理学　ナカニシヤ出版

Koch, C. (1952). *THE TREE TEST*. Bern: Verlag Hans Huber.（コッホ，C.　林　勝造・岡吉政一・一谷　彊（訳）（1970）．バウム・テスト　日本文化科学社）

Koch, K. (1957). *Der Baumtest: Der Baumzeichenversuch als psychodiagnostisches Hilfsmittel.* 3rd enl. ed. Bern: Hanx Huber.（コッホ，K.　山下真理子（訳）（1980）．バウムテスト事例解釈法　日本文化科学社）

横田　仁・小林ポオル・岩熊史朗（1997）．文章完成法テスト（SCT）によるパーソナリティの診断手引き　金子書房

三上直子（1995）．S-HTP法　誠信書房

小川俊樹・伊藤宗親（2015）．投影査定心理学特論　一般財団法人放送大学教育振興会

ローゼンツァイク，S.　日本版作成代表　林　勝造（2007）．P-Fスタディ解説2006年版　三京房

ローゼンツァイク，S.　日本版代表　林　勝造　第Ⅲ版代表　秦　一士（2020）．P-Fスタディ解説2020年版　三京房

佐野勝男・横田　仁（1972）．精研式文章完成テスト解説—成人用—　金子書房

Shneidman, E. (1956). Some relationships between the Rorschach technique and other psychodiagnostic tests. In B. Klopfer(Ed.), *Developments in the Rorschach technique.* Vol. Ⅱ. New York: World Company.

高橋雅春・高橋依子（1986）．樹木画テスト　文教書院

高橋雅春・高橋依子（1991）．人物画テスト　文教書院

高橋依子（2006）．アセスメントとしての描画テスト　甲子園大学紀要, **2**, 5–14.

戸川行男（編）（1955）．CAT日本版試案　幼児児童絵画統覚検査解説　金子書房

戸川行男（編）（1996）．TAT日本版　絵画統覚検査　改訂　金子書房

山中康裕（編）（1984）．中井久夫著作集別巻　H・NAKAI風景構成法　岩崎学術出版社

【第8章】

川嵜克哲（2018）．風景構成法の文法と解釈—描画の読み方を学ぶ　福村出版

中井久夫（1970）．精神分裂病者の精神療法における描画の使用—とくに技法の開発によって得られた知見について—　芸術療法, **2**, 78–89.

中井節雄（1975）．人事検査法　竹井機器工業

日本・精神技術研究所（編）　外岡豊彦（監修）（1975）．内田クレペリン精神検査・基礎テキスト　増補改訂　日本・精神技術研究所　金子書房

東京大学医学部心療内科（1995）．エゴグラム・パターン—TEG東大式エゴグラム第2版による性格分析　金子書房

東京大学医学部心療内科TEG研究会（編）（2006a）．新版　TEGⅡ実施マニュアル　金子書房

東京大学医学部心療内科TEG研究会（編）（2006b）．新版　TEGⅡ解説とエゴグラム・パターン　金子書房

辻岡美延（2000）．新性格検査法—YG性格検査応用・研究手引き　日本心理テスト研究所

八木俊夫（1989）．YGテストの診断マニュアル—人事管理における性格検査の活用　日本心理技術研究所

事項索引

人名索引

著者紹介

沼　初枝（ぬま　はつえ）

NTT 東日本関東病院精神神経科　臨床心理士 / 公認心理師

立正大学名誉教授

主著に，「医療場面における心理アセスメントの実際」（現代のエスプリ別冊『臨床心理査定セミナー』至文堂，2007 年），「医療カウンセリングの理論と実践（沢宮容子・沼　初枝編著）」（松原達哉編集代表『カウンセリング実践ハンドブック』丸善，2011 年），「チーム医療とは」（矢永由里子・小池眞規子編著『がんとエイズの心理臨床』創元社，2013 年），「心理のための精神医学概論」（ナカニシヤ出版，2014年），「気分障害を対象としたロールシャッハ・テストの臨床指標に関する研究」（立正大学心理学研究年報 6 号，2015），「チーム医療における心理臨床」（矢永由里子編著，『心理臨床実践』誠信書房，2017 年）ほか。

臨床心理アセスメントの基礎　［第 2 版］

2020 年 10 月 20 日　　第 2 版第 1 刷発行
2023 年 5 月 10 日　　第 2 版第 3 刷発行

著　者　沼　初枝
発行者　中西　良
発行所　株式会社ナカニシヤ出版
〒606-8161　京都市左京区一乗寺木ノ本町 15 番地
Telephone　075-723-0111
Facsimile　075-723-0095
Website　http://www.nakanishiya.co.jp/
Email　iihon-ippai@nakanishiya.co.jp
郵便振替　01030-0-13128

装幀＝白沢　正／印刷・製本＝ファインワークス